W0229586

memo
Wissen entdecken

Die ersten
Menschen

Feuerstein-
dolch, Steinzeit,
um 2000 v. Chr.

„Feuerzeug":
Feuerstein und
Pyrit, Steinzeit

Münzen, Eisenzeit,
um 50 v. Chr.–50 n. Chr.

Grabstock
(Steinzeitgewicht
mit neuem Stiel)

Tonbecher, um 2200 v. Chr.

Zügelring, Eisenzeit,
um 150 v. Chr.–
50 n. Chr.

Schwert,
ausgehende
Bronzezeit,
um 950 v. Chr.

Tonscherbe, um 4000 v. Chr.

Mumifizierte Hand (Peru)

Vulkane	Das alte Rom	Hunde	Wasser	Flugmaschinen	Große Musiker
37	38	39	40	41	42
Pferde	Kriminalistik	Säugetiere	Wetter	Fossilien	Pflanzen
43	44	45	46	47	48

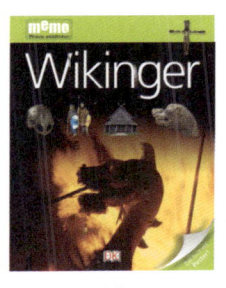

Wikinger	Evolution
49	50

Alphabetische Reihenfolge der Bände auf der letzten Seite

Salbei

memo
Wissen entdecken

Mandeln

Die ersten Menschen

Kamm, Amazonas-Regenwald

Feuerstelle

Faustkeil aus Flint, Steinzeit,
um 200 000 v. Chr.

Pfeile, wie sie
um 6000 v. Chr.
benutzt wurden

DK

DORLING KINDERSLEY

Harpunenspitze aus Geweih

Geweihkamm zur
Bearbeitung von Fellen

DK
DORLING KINDERSLEY
London, New York, Melbourne, München und Delhi

Programmleitung Phil Wilkinson, Linda Martin
Cheflektorat Vicky Davenport,
Linda Esposito, Andrew Macintyre
Herstellung Jenny Jacoby
Bildredaktion Miranda Kennedy,
Jane Owen, Jane Thomas, Joanna Pocock
Bildrecherche Celia Dearing
DTP-Design Siu Yin Ho
Fotos Dave King
Art Director Simon Webb
Redaktion Claire Hibbert
Redaktionelle Beratung Nick Merriman
Fachliche Beratung Ben Morgan
Umschlaggestaltung Smiljka Surla

Für die deutsche Ausgabe:
Programmleitung Monika Schlitzer
Projektbetreuung Martina Glöde, Janna Heimberg
Herstellungsleitung Dorothee Whittaker
Herstellung Anna Ponton

Bibliografische Information Der Deutschen Bibliothek
Die Deutsche Bibliothek verzeichnet diese Publikation in der
Deutschen Nationalbibliografie; detaillierte bibliografische
Daten sind im Internet über http://dnb.ddb.de abrufbar.

Titel der englischen Originalausgabe:
Eyewitness Early humans

© Dorling Kindersley Limited, London, 1989, 2005
Ein Unternehmen der Penguin-Gruppe

© der deutschsprachigen Ausgabe by
Dorling Kindersley Verlag GmbH, München, 2011
Alle deutschsprachigen Rechte vorbehalten

Übersetzung Margot Wilhelmi, Birgit Reit (S. 64–71, Poster)
Satz Roman Bold & Black

ISBN 978-3-8310-1875-8

Colour reproduction by Colourscan, Singapore
Printed and bound in China by Toppan

Besuchen Sie uns im Internet
www.dorlingkindersley.de

Federgeschmückter Kamm,
Papua-Neuguinea

Spindel mit
Soay-Schafwolle

Pfeilspitzen
aus Feuerstein,
um 2000 v. Chr.

Bronze-Armreif,
Eisenzeit,
um 50 v. Chr.

Inhalt

Gewandfibel, 800–700 v. Chr.

Mensch oder Affe?

Vor etwa 10 Millionen Jahren setzte in Afrika eine langsame Klimaveränderung ein. Steppen entstanden, wo vorher Urwald gewesen war. Diese neue Umwelt erforderte die Anpassung an ein Leben auf dem Boden. Die Affenarten jener Zeit suchten in der Steppe nach essbaren Pflanzen und Aas. Dabei waren Zusammenarbeit in der Gruppe, Verständigung und Weitergabe von Erfahrungen sowie die dafür erforderliche höhere Intelligenz von Vorteil. Vor etwa 6 Millionen Jahren teilte sich diese Familie der sogenannten Menschenähnlichen in zwei Gruppen: die der Menschenaffen und die der Menschen, Hominidae oder Hominini genannt. Die Gruppe der Hominini unterscheidet sich von ihren affenähnlichen Vorfahren durch ein größeres Gehirn, einem aufrechten Gang und anderen Kiefer- und Zahnbau. Die erste Gruppe, bei denen diese Merkmale auftraten, sind die Australopithecinen („Südaffen"), die vor 4–1 Million Jahren lebten.

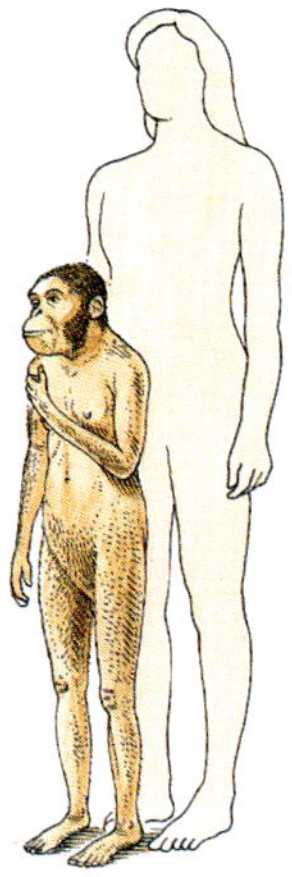

Der kleinste *Australopithecus* – hier neben einer neuzeitlichen Frau – war etwa so groß wie ein Schimpanse. Andere Arten waren so groß wie wir.

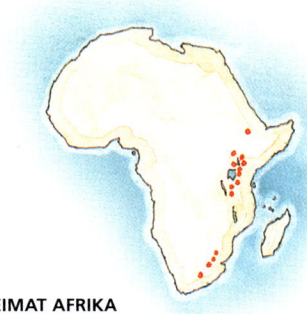

HEIMAT AFRIKA
Australopithecinen wurden nur in Ost- und Südafrika gefunden. Es ist noch unklar, ob dort der Ursprung der Menschheit liegt oder ob nur dort Fossilien erhalten sind.

ALTER VOGEL
Der Zwergflamingo war zur Zeit der ersten Hominini an ostafrikanischen Seen häufig.

ARME UND HÄNDE
Lucy konnte aufrecht gehen, ihre Hände waren beweglicher als die von Affen. Sie stellte noch keine Werkzeuge her, benutzte aber wahrscheinlich passende Steine als Hilfsmittel.

SPUREN IN DER ASCHE
1976 fand man hier die Fußabdrücke zweier Australopithecinen, eines Erwachsenen und eines Kindes. Sie waren nebeneinander über frische Vulkanasche gegangen, die später erhärtete. Es scheint, als sei ein weiterer Australopithecine in den Fußspuren des Erwachsenen gegangen.

IN DER STEPPE
Rekonstruktion einer Szene bei Laetoli in Ostafrika vor etwa 3,75 Mio. Jahren: eine Graslandschaft mit Seen und nur wenigen Schatten spendenden Bäumen. Die frühen Hominiden durchstreifen die Savanne. Sie gehen aufrecht und können so über das hohe Gras blicken.

„LUCY"
1974 entdeckte man bei Ausgrabungen in Äthiopien das bis dahin älteste und vollständigste Skelett eines *Australopithecus*. Man nannte es „Lucy", weil im Forschercamp gerade der Beatles-Song „Lucy in the sky with diamonds" von einem Tonband erklang.

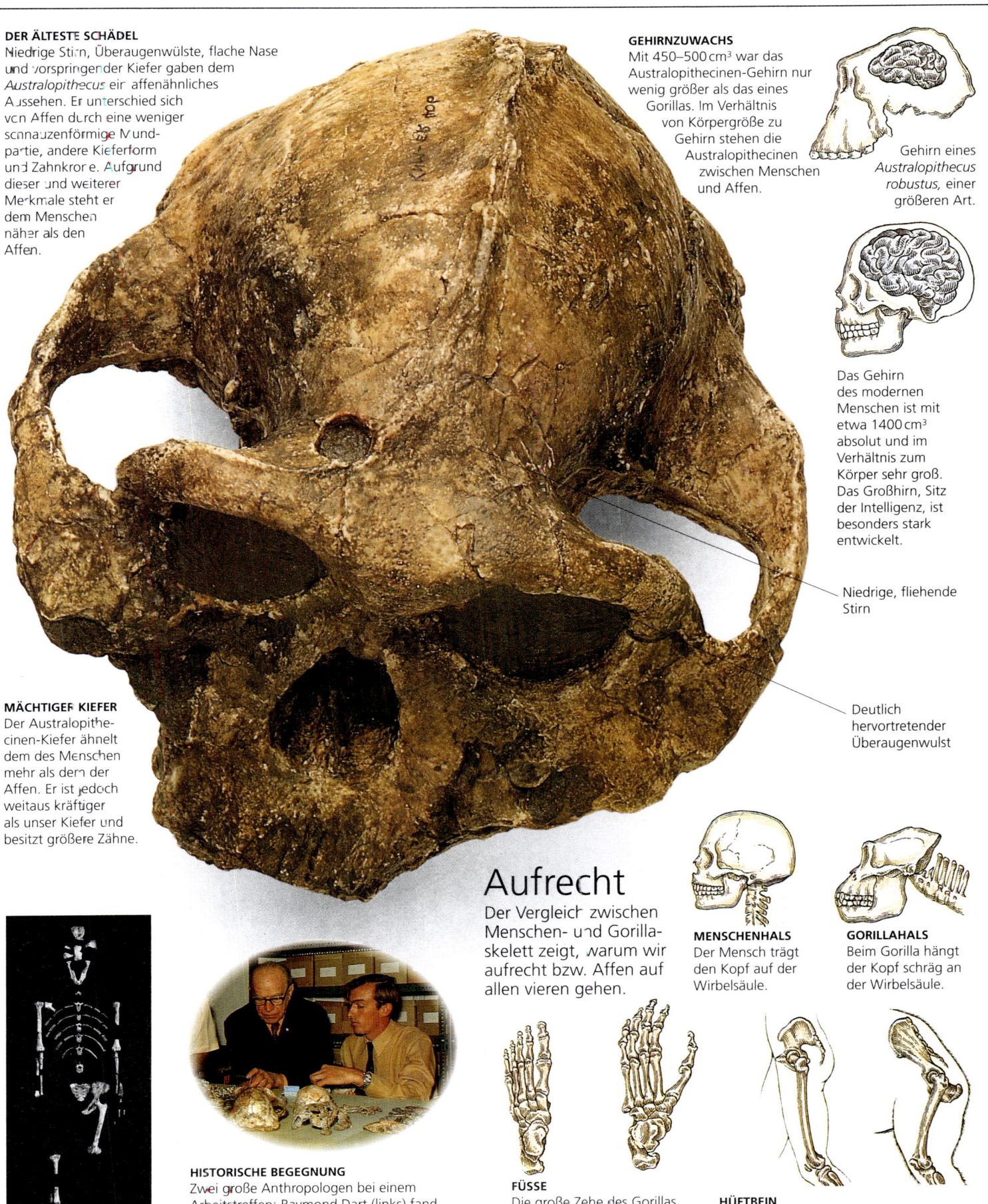

DER ÄLTESTE SCHÄDEL
Niedrige Stirn, Überaugenwülste, flache Nase und vorspringender Kiefer gaben dem *Australopithecus* ein affenähnliches Aussehen. Er unterschied sich von Affen durch eine weniger schnauzenförmige Mundpartie, andere Kieferform und Zahnkrone. Aufgrund dieser und weiterer Merkmale steht er dem Menschen näher als den Affen.

GEHIRNZUWACHS
Mit 450–500 cm³ war das Australopithecinen-Gehirn nur wenig größer als das eines Gorillas. Im Verhältnis von Körpergröße zu Gehirn stehen die Australopithecinen zwischen Menschen und Affen.

Gehirn eines *Australopithecus robustus,* einer größeren Art.

Das Gehirn des modernen Menschen ist mit etwa 1400 cm³ absolut und im Verhältnis zum Körper sehr groß. Das Großhirn, Sitz der Intelligenz, ist besonders stark entwickelt.

Niedrige, fliehende Stirn

Deutlich hervortretender Überaugenwulst

MÄCHTIGER KIEFER
Der Australopithecinen-Kiefer ähnelt dem des Menschen mehr als dem der Affen. Er ist jedoch weitaus kräftiger als unser Kiefer und besitzt größere Zähne.

Aufrecht
Der Vergleich zwischen Menschen- und Gorilla-skelett zeigt, warum wir aufrecht bzw. Affen auf allen vieren gehen.

MENSCHENHALS
Der Mensch trägt den Kopf auf der Wirbelsäule.

GORILLAHALS
Beim Gorilla hängt der Kopf schräg an der Wirbelsäule.

40 % von Lucys Skelett wurden gefunden.

HISTORISCHE BEGEGNUNG
Zwei große Anthropologen bei einem Arbeitstreffen: Raymond Dart (links) fand 1924 den ersten Australopithecinen. Richard Leakey (rechts) setzt die Forschungsarbeit seiner Eltern in Ostafrika fort (S. 10).

FÜSSE
Die große Zehe des Gorillas ist als Greifzehe abgewinkelt. Beim Menschen liegen alle Zehen parallel.

HÜFTBEIN
Das niedrigere, breitere Becken des Menschen ist an den aufrechten Gang angepasst, das lange schmale des Gorillas nicht.

Prähistorisches Menü

Katzenminze

Weinraute

Die Menschen der Vorzeit
hatten eine enge Beziehung
zu den Pflanzen und Tieren in ihrer
Umgebung. Jahrtausendelang lebten
sie als Jäger und Sammler. Die Erfahrung
lehrte sie, welche Tiere sie jagen, welche Pflanzen sie
essen und welche sie als Arznei einsetzen konnten. Uns ist
heute viel von diesem Wissen abhandengekommen. Das
prähistorische Menü war erstaunlich abwechslungsreich. Es
beinhaltete auch viele Pflanzen, die wir heute als Unkraut abtun. Auch nach der
Kultivierung von Getreide (S. 30–31) stellten Wildfrüchte, Fische und Vögel
wichtige Nahrungsquellen dar. Die Nahrung konnte nur durch Trocknen,
Einsalzen oder Einlegen haltbar gemacht
werden, sodass die Jahreszeiten die
Nahrungszusammenstellung sehr
stark beeinflussten. Ein weiterer
wesentlicher Unterschied zur
modernen Ernährung
war, dass es außer
Honig kaum
Süßes gab.

BRENNNESSELN
Aus jungen Brenn-
nesselblättern wurde
eine Suppe gekocht. Bei
der Käseherstellung ist
Brennnesselsaft hilfreich.

ARZNEI
Viele Pflanzen
sind nicht
nur nahrhaft,
sondern werden
schon seit Jahr-
tausenden aufgrund medizinisch
wirksamer Inhaltsstoffe als Arznei
genutzt, Weinraute z. B. bei Kopf-
schmerzen, die Echte
Katzenminze bei
Erkältungen.

Weizenkörner

Steinzeitliche Sammler und Jäger bei
der Zubereitung einer Mahlzeit

Löwenzahn-
blätter

Sonnenblumen-
kerne

BLATTSALATE
Die heute oft als Unkraut verschmähten Löwenzahn-
blätter wurden in prähistorischer Zeit als
Salat gegessen

Wacholder-
beeren

Haselnüsse

Mandeln

AUS DEN WÄLDERN
In den Wäldern wuchsen
die verschiedensten
Früchte. Nüsse waren
aufgrund ihrer Lager-
fähigkeit eine hervor-
ragende Winternahrung.
Vor allem Haselnüsse scheinen
als Wintervorrat gesammelt worden zu
sein. Obst wurde als Marmelade konserviert.
Im Nahen Osten wurden zuerst die Körner
des wilden Weizens gesammelt, später
wurde die Pflanze in Kultur genommen.
Wacholderbeeren dienten als Gewürz.

Haselzweig

ARBEITSTEILUNG
Untersuchungen bei Naturvölkern lassen darauf schließen, dass die Sammler und Jäger der Vorzeit ein breites Nahrungsangebot nutzten. Jedes Mitglied der Familie trug seinen Teil zum Nahrungserwerb bei. Die Männer jagten Wild wie der abgebildeten Hirsch, die Hauptnahrung jedoch sammelten Frauen und Kinder: Eier, Nüsse und sonstige Pflanzennahrung, vielleicht fingen sie auch Fische.

Wachteleier

Weintrauben

OBST
Früchte waren v. a. für die Frühmenschen im Mittelmeerraum ein wichtiger Nahrungsbestandteil. Sie konnten getrocknet und aufbewahrt werden. Trauben konnten zu Wein vergoren werden.

Feigen

Datteln

LACHS
Spätestens seit etwa 10 000 v. Chr. dienen lange Speere zum Lachsfang in europäischen Flüssen.

Griechisches Heu

Koriander

WÜRZE DES LEBENS
Außer Salz, das mehr zur Haltbarmachung der Speisen als zum Würzen benutzt wurde, gibt es eine ganze Reihe von Gewürzen mit langer Geschichte. Manche, z. B. Koriander, wurden geschätzt, weil sie die Verdauung anregen.

Kreuzkümmel

Senfkörner

Pfefferkörner

JAGD
Diese Höhlenmalerei zeigt Männer bei der Elchjagd.

Im Norden war Robbenfleisch ein wichtiges Nahrungsmittel.

Basilikum

Minze

Salbei

KRÄUTER
Kräuter dienten damals wie heute zum Würzen von Speisen.

GAREN VON FLEISCH
Fleisch konnte nach folgender Methode gekocht werden: Das Fleischstück wurde in Leder gewickelt, das Paket mit einem Zweig verschlossen und in einen Topf mit Wasser gelegt. Das Wasser wurde zum Kochen gebracht, indem man Steine hineinwarf, die man im Feuer bis zur Rotglut erhitzt hatte (S. 16–17). Meist aber wurde das Fleisch an einem Spieß über der Glut eines offenen Feuers geröstet oder auf im Feuer erhitzten Steinen in einer Grube gebraten.

Der geschickte Mensch

Vor etwa 2,4 Millionen Jahren entwickelte sich aus einem Australopithecinen-Vorfahren der Vertreter einer neuen Gattung, der Gattung *Homo*. Im Vergleich zum *Australopithecus* besaß *Homo* ein größeres Gehirn, ein menschenähnlicheres Gesicht und ein Becken, das sowohl besser an den aufrechten Gang angepasst war als auch daran, Kinder mit größerem Kopfumfang zu gebären. Die ersten bekannten Vertreter der Gattung *Homo* konnten Werkzeuge herstellen und wurden deshalb *Homo habilis* („geschickter Mensch") genannt. Die Werkzeugherstellung erfordert Erinnerungsvermögen, Vorausplanung und abstraktes Denken. Sie markiert den Beginn der kulturellen Evolution und zeigt die einzigartige Fähigkeit des Menschen, sich aktiv an seine Umwelt anzupassen. Wahrscheinlich verfügte der *Homo habilis* auch über einfache Kommunikationsformen, mit deren Hilfe er sein Wissen weitergeben konnte. Die Werkzeuge wurden zum Schneiden von Fleisch und zum Zerschlagen von Knochen benutzt, um an das Knochenmark zu gelangen. Vielleicht jagte der *Homo habilis* schon, wahrscheinlicher aber ernährte er sich von Aas, in der Hauptsache aber von Pflanzen. Es gibt Hinweise dafür, dass er kleine Rund-hütten baute, die ersten Gebäude der Erde. Er lebte in Ostafrika, verwandte Gruppen vielleicht auch in Südafrika und Südostasien.

STEINWERKZEUG
Gebrauch und Herstellung eines Werkzeugs sind zwei völlig verschiedene Dinge. Schimpansen können bestimmte Gegenstände als Werkzeuge benutzen und sie auch abwandeln, doch nur der Mensch kann mithilfe von Werkzeugen andere Werkzeuge herstellen. Dieses Steinwerkzeug stammt aus der Olduwai-Schlucht in Tansania.

Die Piltdown-Fälschung

Anfang des 20. Jh. suchten Paläanthropologen nach dem „missing link", dem fehlenden Verbindungsglied zwischen Affen und Menschen. Zwischen 1912 und 1915 fanden der Amateur-Anthropologe Charles Dawson und später Sir Arthur Smith Woodward vom Britischen Museum in einer Kiesgrube bei Piltdown in Sussex einen Menschenschädel mit Affenkiefer. Jahrzehntelang wurde der „Piltdown-Mensch" als echt ange-sehen, bis er sich 1953 als Fälschung entpuppte, deren Urheber bis heute unbekannt ist.

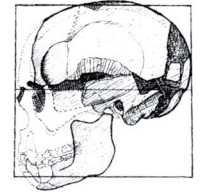

Der Piltdown-Schädel war aus einem Menschenschädel und dem Kiefer eines Orang-Utan zusammengesetzt.

Sir Arthur Smith Woodward vom Britischen Museum

DIE LEAKEYS
Seit fast 60 Jahren forschen die Leakeys in Ostafrika. 1960 war die beharrliche Suche von Louis Leakey und seiner Frau Mary erfolgreich, als sie den ersten *Homo habilis* fanden und benannten. Ihr Sohn Richard (Foto), einer der bekanntesten Paläanthropologen, setzte ihre Arbeit in Äthiopien fort und fand noch viele Hominidenreste.

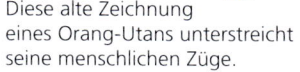

Diese alte Zeichnung eines Orang-Utans unterstreicht seine menschlichen Züge.

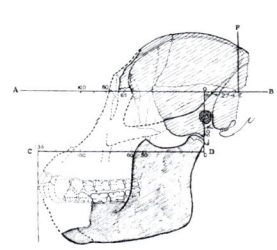

Orang-Utan-Schädel

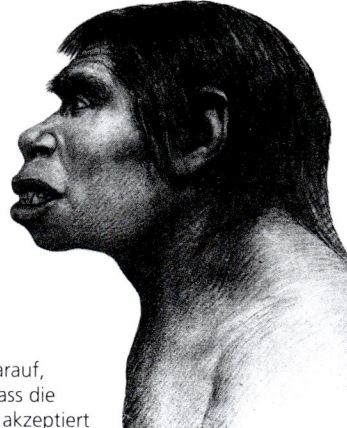

PILTDOWN-REKONSTRUKTION
Die Wissenschaftler waren so erpicht darauf, endlich den „missing link" zu finden, dass die Echtheit des Piltdown-Menschen sofort akzeptiert und Rekonstruktionen angefertigt wurden.

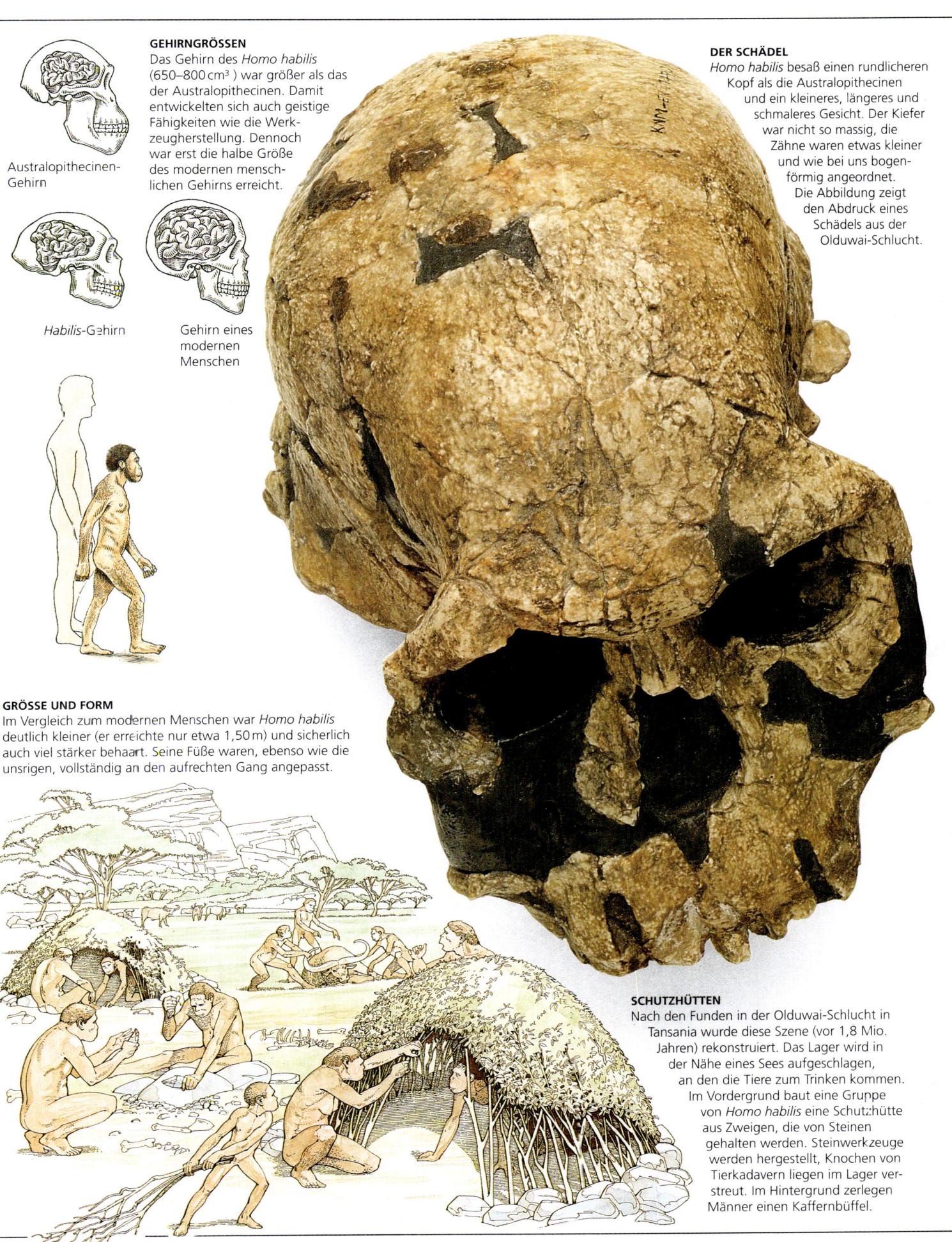

GEHIRNGRÖSSEN

Das Gehirn des *Homo habilis* (650–800 cm³) war größer als das der Australopithecinen. Damit entwickelten sich auch geistige Fähigkeiten wie die Werkzeugherstellung. Dennoch war erst die halbe Größe des modernen menschlichen Gehirns erreicht.

Australopithecinen-Gehirn

Habilis-Gehirn

Gehirn eines modernen Menschen

DER SCHÄDEL

Homo habilis besaß einen rundlicheren Kopf als die Australopithecinen und ein kleineres, längeres und schmaleres Gesicht. Der Kiefer war nicht so massig, die Zähne waren etwas kleiner und wie bei uns bogenförmig angeordnet. Die Abbildung zeigt den Abdruck eines Schädels aus der Olduwai-Schlucht.

GRÖSSE UND FORM

Im Vergleich zum modernen Menschen war *Homo habilis* deutlich kleiner (er erreichte nur etwa 1,50 m) und sicherlich auch viel stärker behaart. Seine Füße waren, ebenso wie die unsrigen, vollständig an den aufrechten Gang angepasst.

SCHUTZHÜTTEN

Nach den Funden in der Olduwai-Schlucht in Tansania wurde diese Szene (vor 1,8 Mio. Jahren) rekonstruiert. Das Lager wird in der Nähe eines Sees aufgeschlagen, an den die Tiere zum Trinken kommen. Im Vordergrund baut eine Gruppe von *Homo habilis* eine Schutzhütte aus Zweigen, die von Steinen gehalten werden. Steinwerkzeuge werden hergestellt, Knochen von Tierkadavern liegen im Lager verstreut. Im Hintergrund zerlegen Männer einen Kaffernbüffel.

Flintwerkzeuge

Als erster Hominide fertigte *Homo habilis* einfache Werkzeuge aus verschiedenen Gesteinen (S. 10–11). In Europa entdeckte man später, dass Feuerstein (Flint) sich am besten zur Werkzeugherstellung eignet. Funde belegen den Gebrauch von Flintwerkzeugen vor über einer halben Million Jahren. Der Vorteil von Feuerstein ist, dass beim Abschlagen gleichmäßige Splitter („Abschläge") abspringen. Größe und Form der Abschläge können bei geschicktem Behauen variiert werden. Man erhält so verschiedenartige Werkzeuge. Durch seine glasähnliche Beschaffenheit ergeben sich beim Flint scharfe Kanten, die durch neuerliches Abschlagen geschärft werden können. Feuerstein gibt es fast überall in größeren Mengen, allerdings muss er mancherorts aus Kreideschichten geborgen werden. Die ersten Werkzeuge entstanden durch Abschlagen kleiner Stücke von einem Flintklumpen („Kernwerkzeuge"). Später wurden die abgeschlagenen Splitter zu feineren Werkzeugen („Abschlagwerkzeugen"), Messern und Speerspitzen weiterverarbeitet. Faustkeile kamen erst mit *Homo erectus* (S. 14–15) auf.

„MADE IN BRITAIN"
Dieser etwa 250 000 Jahre alte Faustkeil stammt aus Swanscombe, einer der ältesten archäologischen Stätten in Großbritannien und Fundort des ältesten britischen Schädels.

Das runde Ende diente als Hammerkopf.

Flache Schlagfläche

KERNWERKZEUG
Die erste Werkzeuggeneration bestand aus behauenen Steinklumpen („Kernen").

STEINHAMMER
Ein Steinhammer (oben) war das einfachste Werkzeug zur Flintbearbeitung. Beim Abschlagen mit einem solchen Stein sprangen große Stücke vom Flintrohling ab.

Abschlag

Abschlag

GEWEIHHAMMER
Zum Abschlagen feinerer Splitter diente ein leichter Hammer aus Knochen oder Geweih.

1 FORMGEBUNG
Zuerst wurde ein geeigneter Feuersteinklumpen durch Behauen grob in Form gebracht.

2 SPLITTER ABSCHLAGEN
Mit einem Steinhammer wurde vom Rand des grob behauenen Feuersteins ein großer Splitter abgespalten.

3 ENDBEHANDLUNG
Die Kante der Flintaxt wurde abschließend mit einem Knochenhammer behauen.

ABSCHLAG-WERKZEUGE
Solche langen dünnen Klingen wurden durch Behauen eines flachen Splitters mit einem Knochenhammer entlang der Kante hergestellt.

SCHNEIDWERKZEUG
Zu den ältesten Steinwerkzeugen der Erde gehört dieses etwa 200 000 Jahre alte Hackmesser aus Ägypten. Es lässt sich leicht umgreifen, das spitze Ende diente wahrscheinlich zum Schneiden von Pflanzen und Häuten.

„Moderne Steinwerkzeuge"

Mit der Besiedlung Australiens durch die Europäer kamen die Ureinwohner mit Produkten der westlichen Industriegesellschaft in Kontakt. Sie fanden schnell heraus, dass sich einige Materialien, z. B. Flaschenglas und Telegrafenisolatoren, noch besser als Feuerstein bearbeiten ließen. Mit altertümlichen Werkmethoden stellten sie aus den für solche Zwecke ungewöhnlichen, modernen Werkstoffen hübsche, bunte Lanzen und Pfeilspitzen her.

Pfeilspitze aus Isolatorenmaterial

Lanzenspitze aus Keramik

Lanzenspitze aus Bierflaschenglas

Pfeilspitze aus blauem Glas

WERKZEUGMACHER
Diese Darstellung zeigt Herstellung und Gebrauch verschiedener Flintwerkzeuge.

ÄGYPTISCHER FAUSTKEIL
Dieser Faustkeil aus einer Zeit vor der Entstehung „richtiger" Menschen wurde in der Wüste westlich von Theben in Ägypten gefunden.

ZWEITE WAHL
Wo Feuerstein fehlte, diente anderes Gestein als Werkstoff. Dieses Werkzeug aus Nubien besteht aus Quarz.

Ovale Form lässt auf Verwendung als Hackwerkzeug schließen.

HACKE
Dieses ovale Hackwerkzeug kommt aus Warren Hill in Suffolk (England).

13

Ausbreitung nach Norden

Vor etwa 1,8 Millionen bis vor 200 000 Jahren lebte der *Homo erectus*. Mit einem größeren Gehirn und kräftigerem Körperbau als der *Homo habilis* (manche *Homo-erectus*-Menschen waren so groß und so schwer wie wir) war er in mehrfacher Hinsicht fortschrittlicher als die *Homo-habilis*-Menschen: Er fertigte und benutzte mehr verschiedene Werkzeuge und machte sich vermutlich auch das Feuer nutzbar. Das Feuer spielt seit alters eine zentrale Rolle im Familienleben, es wärmt die Menschen und ermöglicht das Kochen der Nahrung, es hält Raubtiere ab und wird zur Jagd benutzt: Mit Feuer kann man Tiere in eine Falle treiben. Diese Fähigkeiten und die sie bedingende größere Verstandesleistung ermöglichten den *Homo-erectus*-Menschen, sich neue Lebensräume zu erschließen. Sie waren die ersten Menschen, die nicht nur in Afrika, sondern auch in Asien und Europa vorkamen. Dort hat man die meisten Fossilien gefunden. Unter den neuen Umweltbedingungen – die härtesten herrschten im eiszeitlichen Europa – erfolgte eine langsame Anpassung an regionale Gegebenheiten. Über Millionen von Jahren entstanden unterschiedliche Formen des *Homo erectus* in den verschiedenen Regionen der Erde.

DIE AUSBREITUNG VON *HOMO ERECTUS*
Die Ursprünge des *Homo erectus* liegen wohl in Afrika. Doch man fand auch Fossilien weit entfernt von dort, in China und Java. Die Besiedlung dieser Gebiete erfolgte in kleinen Schritten, indem jede neue Generation sich etwas weiter von der Heimat der Väter entfernte.

WOLLNASHORN
Der *Homo erectus* lebte bis weit in die Eiszeit hinein. In Europa wechselten damals in Abständen von Jahrtausenden Kalt- und Warmzeiten (S. 18–19). Das Wollnashorn war ein an kaltes Klima angepasster Großsäuger und wahrscheinlich ein Beutetier des *Homo erectus*.

Der Stock wird in der Hand gehalten.

FEUERPFLUG
Die ersten Hominiden haben sich wahrscheinlich nur gelegentlich des Feuers bedient, wenn es durch Blitzschlag entstanden war. Erst der *Homo erectus* hat es selbst (mit einem einfachen Werkzeug wie dem abgebildeten) entzündet und gezielt genutzt.

Rinne für den Stock

Feuerpflug

FEUERMACHER
Die Zeichnung zeigt eine Gruppe von *Homo-erectus*-Menschen vor einer Höhle, die ihnen als Unterschlupf dient. Auf der rechten Seite stellt ein Mann einen Faustkeil her, indem er mit einem Steinhammer Splitter von einem Feuersteinbrocken abschlägt (S. 12). Die Frau vorn links schürt ein Feuer, das mit Steinen als Windschutz umgeben ist. Die Menschen im Hintergrund zerlegen mit Faustkeilen ein Tier, das sie erlegt haben. Die Fleischstücke sollen über dem offenen Feuer gebraten werden.

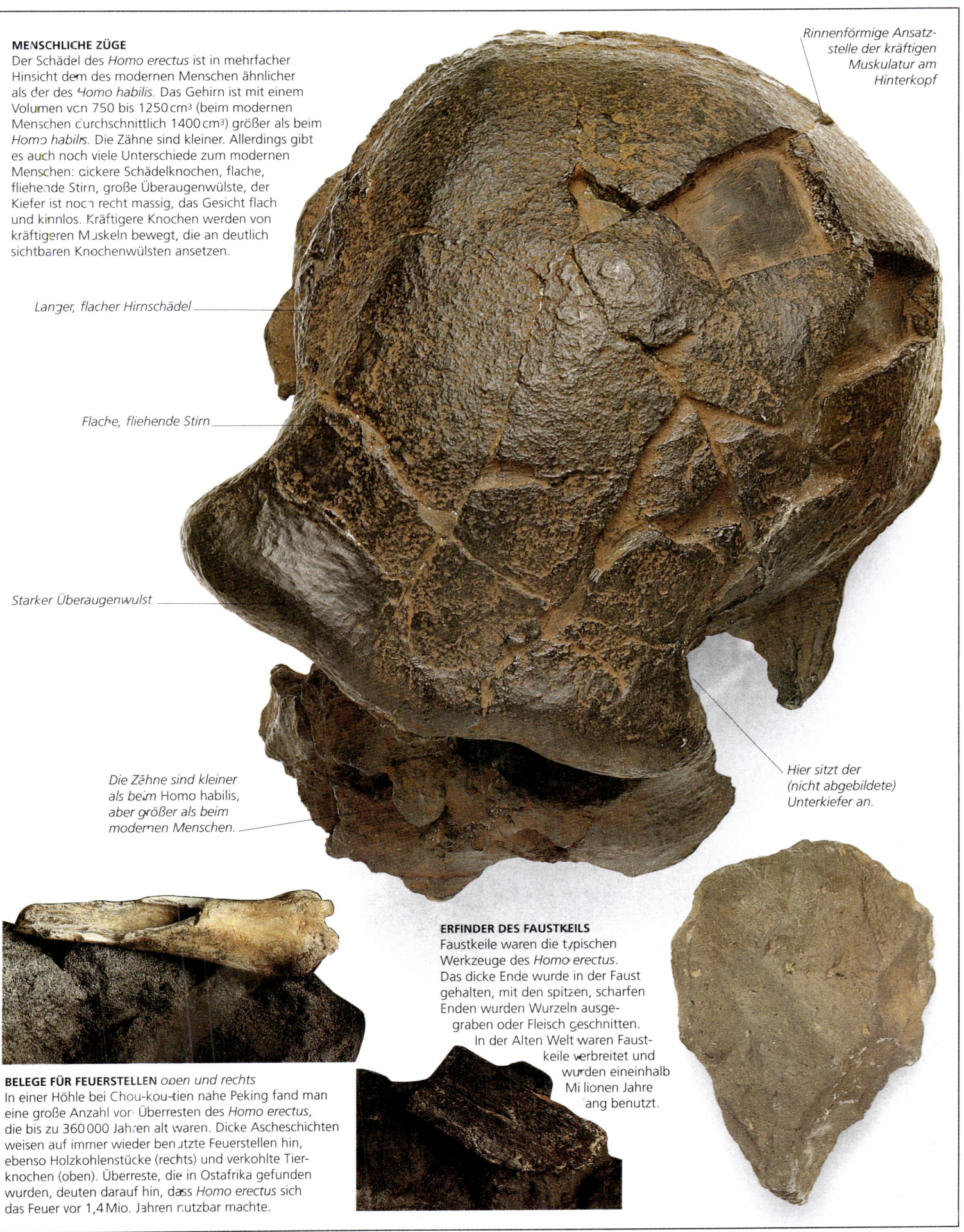

MENSCHLICHE ZÜGE
Der Schädel des *Homo erectus* ist in mehrfacher Hinsicht dem des modernen Menschen ähnlicher als der des *Homo habilis*. Das Gehirn ist mit einem Volumen von 750 bis 1250 cm³ (beim modernen Menschen durchschnittlich 1400 cm³) größer als beim *Homo habilis*. Die Zähne sind kleiner. Allerdings gibt es auch noch viele Unterschiede zum modernen Menschen: dickere Schädelknochen, flache, fliehende Stirn, große Überaugenwülste, der Kiefer ist noch recht massig, das Gesicht flach und kinnlos. Kräftigere Knochen werden von kräftigeren Muskeln bewegt, die an deutlich sichtbaren Knochenwülsten ansetzen.

Langer, flacher Hirnschädel

Flache, fliehende Stirn

Starker Überaugenwulst

Die Zähne sind kleiner als beim Homo habilis, aber größer als beim modernen Menschen.

Rinnenförmige Ansatzstelle der kräftigen Muskulatur am Hinterkopf

Hier sitzt der (nicht abgebildete) Unterkiefer an.

ERFINDER DES FAUSTKEILS
Faustkeile waren die typischen Werkzeuge des *Homo erectus*. Das dicke Ende wurde in der Faust gehalten, mit den spitzen, scharfen Enden wurden Wurzeln ausgegraben oder Fleisch geschnitten. In der Alten Welt waren Faustkeile verbreitet und wurden eineinhalb Millionen Jahre lang benutzt.

BELEGE FÜR FEUERSTELLEN *oben und rechts*
In einer Höhle bei Chou-kou-tien nahe Peking fand man eine große Anzahl von Überresten des *Homo erectus*, die bis zu 360 000 Jahre alt waren. Dicke Ascheschichten weisen auf immer wieder benutzte Feuerstellen hin, ebenso Holzkohlenstücke (rechts) und verkohlte Tierknochen (oben). Überreste, die in Ostafrika gefunden wurden, deuten darauf hin, dass *Homo erectus* sich das Feuer vor 1,4 Mio. Jahren nutzbar machte.

15

Zähmung des Feuers

Eine der wichtigsten Errungenschaften der Frühmenschen war der Umgang mit dem Feuer. Es spendete nicht nur Wärme bei Temperaturen, die im Durchschnitt wesentlich tiefer waren als heute, sondern hielt auch wilde Tiere ab, diente zur Nahrungszubereitung, zum Abbrennen von Wäldern zur Gewinnung von Ackerflächen und zum Härten hölzerner Speerspitzen. Bevor die Menschen selbst Feuer machen konnten, nutzten sie wahrscheinlich natürliche, zum Beispiel durch Blitzschlag entstandene Feuer. Als sie das Feuermachen – vermutlich, indem sie durch Aneinanderreiben zweier Stöcke Funken und damit Feuer erzeugten – entdeckten, war dies ein großer Schritt vorwärts. Man weiß nicht sicher, wann das Feuermachen aufkam, aber Funde aus Frankreich und China geben klare Hinweise auf einen Zeitraum von vor 400 000 Jahren. Weil das Feuermachen so schwierig war, bemühte man sich, die Glut nicht verlöschen zu lassen.

FEUER IN DER EISZEIT
Feueranzünden in der Eiszeit, vor etwa 200 000 Jahren: Ein Feuerquirl wird mit der Hand schnell gedreht, bis sich das Bohrmehl im Reibebrett entzündet. Der Funke springt auf das trockene Feuerholz über.

Hölzernes Mundstück

Quirl

Holzquirl

Lederbogen

Reibholz

Trockenes Heu

Bohrlöcher

BOGEN-FEUERBOHRER
Der Lederbogen dieser Rekonstruktion erleichtert das schnelle Drehen des Quirls. Durch die Reibung entsteht Hitze zum Entzünden des Feuers.

Benutzung eines Bogenfeuerbohrers

Reibholz

REIBHOLZ
Dieses einfache Reibholz aus Akamba (Kenia) zeigt die Funktionsweise. Durch schnelles Drehen des Quirls fängt das Holzmehl im Bohrloch an zu glühen und zu brennen.

Drehen des Quirls

RUND UMS FEUER
Bei den Feuerstellen der ersten Feuermacher wurde der mit dem Reibholz entzündete Zunder auf einen Haufen aus Heu und trockenen Zweigen gelegt. Größere Holzstücke wurden zugelegt, wenn das Feuer brannte. Ein Steinring umgrenzte die Feuerstelle.

16

ZWEI TROCKENE STÖCKE

In der Steinzeit entfachte man Feuer mittels Reisig und dem Funkenschlag, der entstand, indem ein Feuerstein auf Eisenpyrit geschlagen wurde. Vielleicht wurde diese Methode durch Zufall bei der Herstellung von Steinwerkzeugen entdeckt. Sie war bedeutend bequemer als die hier gezeigte.

Wenn das Feuer brannte, wurde Holz nachgelegt.

Die heißen Steine konnten zum Wasserkochen verwandt werden.

AFRIKANISCHE FEUERMACHER

Noch bis zum Beginn des 20. Jh. benutzten einige afrikanische Völker das Reibholz. Aus Untersuchungen bei diesen Völkern stammt viel von unserem Wissen über die Kunst des Feuermachens.

Leben in der Eiszeit

In der Eiszeit wechselten sich mehrere Kalt- und Warmzeiten ab, von denen jede mehrere Zehntausend Jahre dauerte. Während mancher dieser Wärmeperioden war es wärmer als heute und Nordeuropa war nur zeitweilig – während der Kaltzeiten – von Gletschern bedeckt. Die *Homo-erectus*-Menschen waren die Ersten, die bis ins nördliche Europa vordrangen, wahrscheinlich aber nur in den Warmzeiten. Vor etwa 250 000 Jahren begann der langsame Anpassungsprozess an kältere Klimazonen und etwa 120 000 Jahre später trat als Unterart des modernen Menschen der *Homo neanderthalensis* auf. Obwohl eng mit dem heutigen Menschen verwandt, sah er ganz anders aus: Neandertaler waren klein, untersetzt und sehr muskulös – sogar die Kinder. Sie hatten große Köpfe, große, vorstehende Nasen und tief liegende Augen mit starken Überaugenwülsten. Bei den Neandertalern finden wir zuerst das, was man „menschliche Regungen" nennt: Sie sorgten für Kranke und Schwache, bestatteten ihre Toten und hatten wahrscheinlich auch eine Art von Religion. Vor etwa 35 000 Jahren wurde der Neandertaler ganz plötzlich vom Menschen in seiner heutigen Gestalt, vom *Homo sapiens sapiens*, abgelöst, der sich inzwischen im wärmeren afrikanischen Klima entwickelt hatte. Er besiedelte weite Teile der Erde, darunter auch das endeiszeitliche Europa und sogar Australien.

EISZEIT UND NEANDERTALER
Diese Karte zeigt die größte Ausdehnung der eiszeitlichen Gletscher (blau), das durch das damit verbundene Absinken des Meeresspiegels frei liegende Land sowie die Verbreitung des Neandertalers über 60 000 Jahre. Der rote Punkt markiert die erste (1856) Fundstelle eines Neandertalers, das Neandertal bei Düsseldorf.

HÜTTEN IN DER TUNDRA
Als *Homo sapiens sapiens* die russische Tundra besiedelte, baute er ähnliche Hütten, wie es der Neandertaler vermutlich getan hat. Diese Rekonstruktion zeigt eine bei Pushkari ausgegrabene Behausung. Sie bestand aus zusammengenähten Häuten, die über einen Rahmen aus Pfählen gespannt und mit Mammutknochen beschwert waren.

WERKZEUGHERSTELLUNG
Die vielfältigen feinen Werkzeuge der Neandertaler sind weitaus fortschrittlicher als die des *Homo erectus* und erfüllten die unterschiedlichsten Aufgaben. Als Material dienten Knochen und Geweih sowie Feuerstein.

LEBEN IN DER KÄLTE
Die Neandertaler waren gut an das Leben im kalten Klima angepasst. Ihre Lebensweise mag ähnlich wie die mancher Inuit (S. 20–21) gewesen sein. Sie lebten wahrscheinlich in Großfamilien zusammen, jedem Familienmitglied kamen bestimmte Aufgaben zu. Vermutlich konnten sie sich mit einer einfachen Sprache verständigen.

HÖHLENKULTUR
Die Neandertaler lebten in Höhlen mit Feuerstellen. Sie hatten recht weit entwickelte Steinwerkzeuge für die Jagd und die Essenszubereitung. Sie beerdigten ihre Toten und kannten eine einfache Form des Kunsthandwerks wie Kettenanhänger mit einem Loch für das Band, das vermutlich aus einer Tiersehne bestand.

NEANDERTALERGARDEROBE
Die Neandertaler waren wahrscheinlich die ersten Menschen, die die meiste Zeit des Jahres Kleidung zum Schutz vor Kälte trugen. Zur Herstellung der Kleidung wurden Tierhäute ausgebreitet und mit Faustkeilen von Fett und Sehnen befreit. Nach dem Trocknen wurde aus den Fellen das entsprechende Kleidungsstück genäht.

NEANDERTALER-SCHÄDEL

Der klassische Neandertaler-Schädel ist flacher, länger und breiter als der Schädel des heutigen Menschen. Fliehendes Kinn, hervorstehende Wangenknochen (Jochbein) und ausgeprägte Überaugenwülste sind ebenfalls typisch. Das Gehirnvolumen war mindestens ebenso groß wie das des modernen Menschen, vielleicht sogar größer.

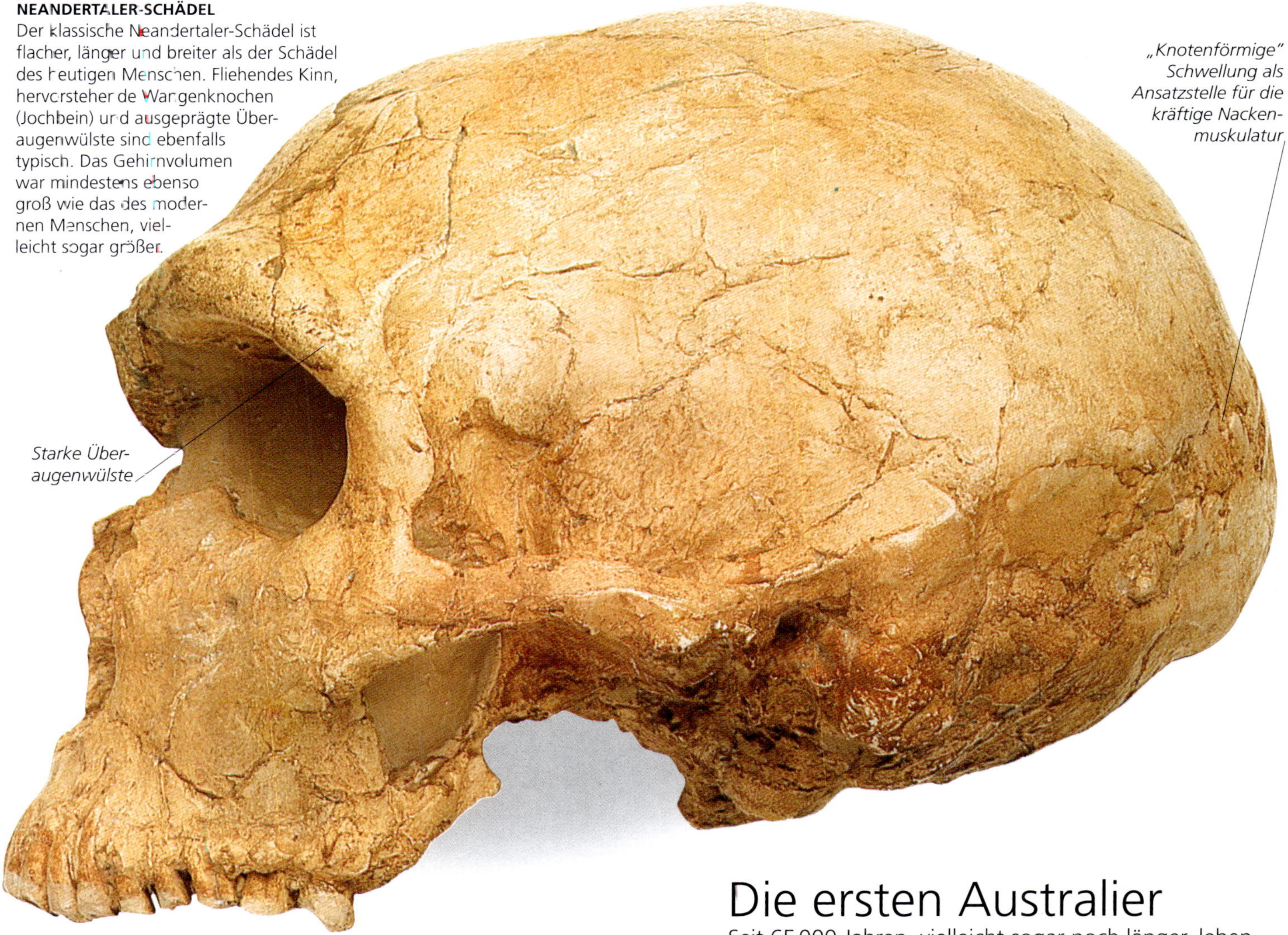

„Knotenförmige" Schwellung als Ansatzstelle für die kräftige Nackenmuskulatur

Starke Überaugenwülste

SCHABER

Die Neandertaler konnten eine Vielzahl von Steinwaffen und -werkzeugen herstellen. Dazu benutzten sie die Abschläge vorbehandelter Steine (Abschlagwerkzeuge, S. 12). Die Abbildung zeigt einen Flintschaber zur Lederbearbeitung.

Die ersten Australier

Seit 65 000 Jahren, vielleicht sogar noch länger, leben Menschen in Australien. Die australischen Ureinwohner, die Aborigines, glauben allerdings, dass sie schon immer hier lebten. Die ersten Funde stammen von *Homo-sapiens*-Vertretern, die Australien vermutlich mit Booten oder Flößen von Südostasien aus erreichten. Spätere Funde mit urtümlicheren Merkmalen legen die Besiedlung durch verschiedene Gruppen nahe.

WASSERFAHRZEUG

Die ersten Menschen kamen wahrscheinlich mit einem Floß oder einem einfachen Kanu wie diesem nach Australien. Der Meeresspiegel war zu jener Zeit etwa 50 m tiefer als heute, das Festland somit nur etwa 65 km entfernt.

Australischer Ureinwohner

SCHLECHTES IMAGE
Neandertaler wurden lange Zeit wie in der Abbildung oben als primitive Wilde dargestellt. Trotz ihrer Furcht einflößenden Erscheinung hatten sie eine hohe Kultur: Sie nutzten das Feuer, fertigten Kleidung und schafften es, im widrigen Klima der europäischen Eiszeit zu überleben.

Eiszeitliche Jäger

Aus der Eiszeit (vor 2 Millionen bis 15 000 Jahren) kennt man, abgesehen von einigen Stein- und Knochengegenständen eiszeitlicher Jäger, kaum Funde. Es gibt einige Anhaltspunkte, wie Kleidung und Behausung der damaligen Menschen ausgesehen haben (S.18–19), aber keine direkten Zeugnisse ihrer Lebensweise. Doch durch Untersuchungen bei Naturvölkern, die unter ähnlichen klimatischen Bedingungen leben, kann man Aufschluss darüber erhalten, wie das Leben in der Eiszeit ausgesehen haben mag. Die Inuit an den Küsten Grönlands und Nordamerikas leben schon seit Jahrtausenden in Gebieten, wo selbst das Meer einen Großteil des Jahres zugefroren ist. Mittlerweile haben sie zwar viele nützliche Errungenschaften der westlichen Zivilisation übernommen, doch bis zum Ende des 19. Jahrhunderts war die Lebensweise der Inuit der der eiszeitlichen Fischer und Jäger wohl noch sehr ähnlich.

TREIBEIS
Diese Zeichnung vermittelt einen Eindruck von der arktischen Landschaft mit Eisbergen und schneebedeckten, spärlich bewachsenen Hügeln.

Speere und Harpunen

JAGD MIT BOOTEN
Schon immer haben die Inuit verschiedene Tiere des Meeres, der Flüsse und des Festlands gejagt. Traditionell fangen sie die ablaichenden Fische mit Netz oder Speer und jagen Karibus, ebenso Robben, Walrosse und Wale, die sie entweder durch ein Loch im Eis mit dem Speer erlegen oder mit Harpunen von Booten aus. Sie benutzen zwei Arten von Lederbooten, den oben geschlossenen Kajak und den größeren oben offenen Umiak. Manchmal gelingt es einer kleinen Flotte sogar einen Wal zu töten, wie die oben abgebildeten Knochenzeichnungen zeigen.

PFEILSTRECKER
Gerade Pfeile sind für die Zielgenauigkeit beim Schießen unbedingt erforderlich. Dieser Strecker hat die Form eines knienden Karibus.

Gravuren zeigen Karibus.

Wasserdichte Bespannung aus Seehund- oder Walrossleder

Schwimmblase

Über 2 m langer hölzerner Schaft

WAFFENARSENAL
Harpunen und Speere werden von den Inuit zur Bootsjagd benutzt, Pfeile nur an Land.

KAJAK
Dieser Modell-Kajak ist mit einem vollständigen Satz von Speeren und Harpunen ausgestattet. Die mit einer Durchzugskordel gesicherte wasserdichte Spritzdecke um die einzelnen Personen verhindert das Eindringen von Wasser.

— Außenhaut

— Wasserdichtes Verdeck

HARPUNENSPITZEN
Damit sie im Fleisch stecken bleiben, besitzen diese Harpunenspitzen aus Elfenbein Widerhaken. Die Harpune hängt an einer Leine, damit das getroffene Tier nicht entkommen kann.

Harpunenspitze aus Elfenbein

LANGSTRECKENWAFFE
Der Speer hat im Gegensatz zur Harpune keine Leine. Der Jäger muss das verletzte Tier verfolgen.

AUF DER LAUER
Wenn das Meer zugefroren ist, müssen die Seehunde an Löchern im Eis zum Atmen auftauchen. An solchen Löchern warten die Jäger, bis ein Tier zum Vorschein kommt.

WALFÄNGERWAFFE
Diese großen Harpunen werden vom Boot aus auf Walrosse oder Wale geschleudert. Verfehlt die Harpune ihr Ziel, hält die Blase sie über Wasser, und der Jäger kann sie wieder einholen.

— Lederleine

— Jagdszene

SCHNITZEREIEN
Hier graviert ein Inuit-Künstler nach alter Tradition ein Stück Elfenbein mit einem Messer.

SCHNEEMESSER
Diese beiden Messer wurden zum Schneiden von Eisplatten zum Iglubau hergestellt. Die Verzierungen zeigen verschiedene Szenen mit Jägern, Tieren und Häusern.

Kleine Sehschlitze

SCHNEEBRILLE
Diese Brille schützt ihren Träger vor Schneeblindheit.

KNOCHENMESSER
Die Inuit sind sorgsam darauf bedacht, möglichst alle Teile eines Tiers zu verwerten. Aus den Knochen werden Werkzeuge und Waffen hergestellt. Der Schaft des linken Messers ist mit Darm umwickelt und lässt sich so besser halten.

21

Der moderne Mensch

Die meisten Experten glauben, dass die Unterart, der wir angehören, *Homo sapiens sapiens*, zwischen 200 000 und 100 000 Jahren vor unserer Zeit in Afrika entstand. Vor etwa 30 000 Jahren war *sapiens* mit Ausnahme Amerikas über die ganze Welt verbreitet und vor etwa 11 000 Jahren hatte er alle Gebiete außer der Antarktis besiedelt. Durch Vermischung mit den ortsansässigen Völkern könnten die verschiedenen Menschenrassen entstanden sein. *Homo sapiens sapiens* kannte mehr Werkzeuge als sein Vorfahr, der Neandertaler, darunter verschiedenartigste Steinklingen und Werkzeuge aus Knochen, Holz und Elfenbein. Er lebte in größeren Siedlungen und hielt engeren Kontakt untereinander. Sprache, Malerei, Steinritzen, Bildhauerei und Musik wurde zu einem wichtigen Teil seines Lebens. Spätere Entwicklungen der Menschheit – Ackerbau, Zivilisation, enormer Bevölkerungszuwachs und Industrialisierung mit all ihren Auswirkungen auf die Natur – spielten sich in einem relativ kurzen Zeitabschnitt von 10 000 Jahren ab.

HANDMALEREI
Vor etwa 20 000 Jahren entstand dieser Negativabdruck einer Hand in einer Höhle in Pech Merle, Frankreich. Jemand hatte seine Hand auf die Höhlenwand gelegt und darüber gemalt. Die Hand als der Körperteil, der Werkzeuge gebraucht und Signale gibt, besitzt starke Symbolkraft.

„Venus" von Willendorf (Österreich), Abdruck einer Steinfigurine

KUNSTWERKE
Zwar zeigten die Neandertaler erste künstlerische Fähigkeiten, indem sie einfache Bilder in Knochen ritzten, doch erst *Homo sapiens sapiens* entwickelte ausgefeilte malerische und bildhauerische Techniken.

Stilisierte Frauengestalt aus Korsika, um 3500 v. Chr.

Kiefer eines *Australopithecus*

Kiefer eines modernen Menschen

KIEFER
Zwischen diesen Kieferknochen eines Australopithecinen und eines modernen Menschen liegen bis zu 3 Mio. Jahre. Der Kiefer des *Australopithecus* ist viel größer und besitzt größere Backenzähne.

SCHNITZKUNST
Die Illustratoren des 19. Jh. stellten sich eiszeitliche Bildhauer wie heutige Inuit vor. Die Schnitzereien waren wohl nicht so ausgefeilt wie das Bild andeutet, doch die Menschen waren sicherlich mit Fellen bekleidet und benutzten Geweihe als Schnitzmaterial.

UND ENDLICH – WIR!

Der Schädel des modernen Menschen unterscheidet sich von dem des Neandertalers in einigen wesentlichen Merkmalen. Die Überaugenwülste sind nur leicht angedeutet, stattdessen prägen nun eine steile, breite und hohe Stirn und tief liegende Augen das Gesicht. Nase und Kiefer sind kleiner, die Zähne stehen enger zusammen. Dadurch wirkt das Gesicht eher flächig als vorspringend.

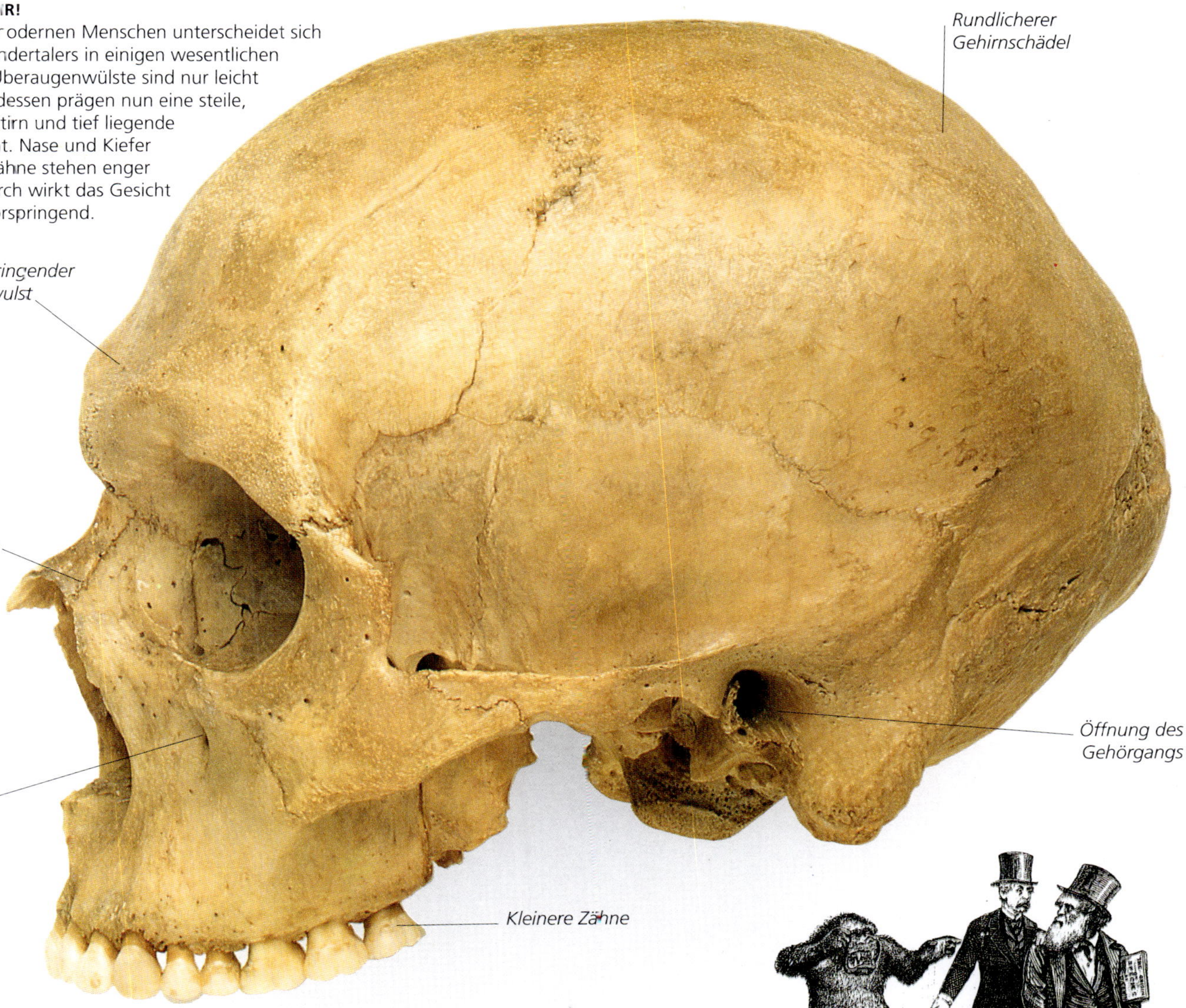

Rundlicherer Gehirnschädel

Kaum vorspringender Überaugenwulst

Kleinere Nase

Flacherer Gesichtsschädel

Öffnung des Gehörgangs

Kleinere Zähne

Evolution

Die Schädel (unten) zeigen die zu Beginn des 20. Jahrhunderts vertretene Vorstellung von der Evolution des Menschen aus Affen, wie sie Darwin und seine Schüler entwickelten. Die Verhältnisse sind jedoch komplizierter und unser Wissen über unseren Stammbaum ist noch recht lückenhaft. Wir sind nicht aus Gorillas oder Schimpansen entstanden, denn auch diese sind vorläufige Endpunkte von Evolutionsreihen. Allerdings gibt es wohl gemeinsame Vorfahren. Die Evolution verlief auch nicht immer geradlinig, es gab Evolutionssprünge und Sackgassen. Zu manchen Zeiten lebten mehrere Arten nebeneinander, manche überlebten, andere starben aus.

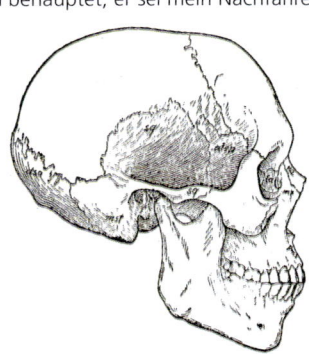

VERLETZTE GEFÜHLE
Eine Karikatur aus dem 19. Jh.: Der Gorilla zeigt beleidigt auf Darwin: „Dieser Mann erhebt Anspruch auf meinen Stammbaum und behauptet, er sei mein Nachfahre."

Charles Darwin (1809–1882), der Begründer der Evolutionstheorie

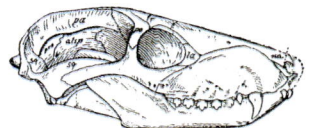

Schädel eines primitiven Reptils (230–195 Mio. Jahre alt)

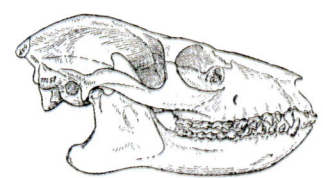

Säugerschädel (54–16 Mio. Jahre alt)

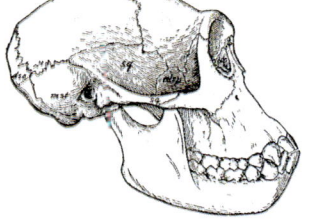

Schädel eines Schimpansen

Schädel eines modernen Menschen

Die ersten Künstler

HÖHLENMALEREI
Diese meisterhafte Höhlenmalerei befindet sich in Altamira (Spanien).

Die ersten bekannten Kunstwerke entstanden vor etwa 30 000 Jahren, während der letzten Eiszeit. Da die Fähigkeit zur künstlerischen Gestaltung auf den Menschen beschränkt ist, können wir sagen, dass um diese Zeit mit den Schöpfern dieser Werke nun richtige Menschen lebten. Die bekannten Kunstwerke sind die Malereien auf Decken und Wänden von Höhlen wie der von Lascaux in Frankreich und der von Altamira in Spanien. Weniger bekannt, aber keineswegs weniger beeindruckend, sind die kleinen Skulpturen und Reliefschnitzereien von Tieren und Frauengestalten. Zum Teil fand man solche Statuetten auch in Höhlen, den weitaus größten Teil aber an anderen Stellen, vor allem in Osteuropa. Mit der Erfindung der Keramik eröffneten sich weitere Möglichkeiten für die künstlerische Gestaltung.

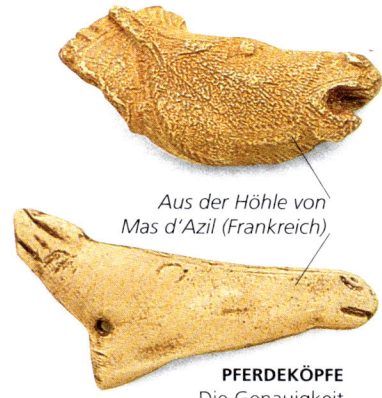

Aus der Höhle von Mas d'Azil (Frankreich)

PFERDEKÖPFE
Die Genauigkeit dieser Gravierungen lassen vermuten, dass der Künstler die Tiere sehr genau beobachtet hat.

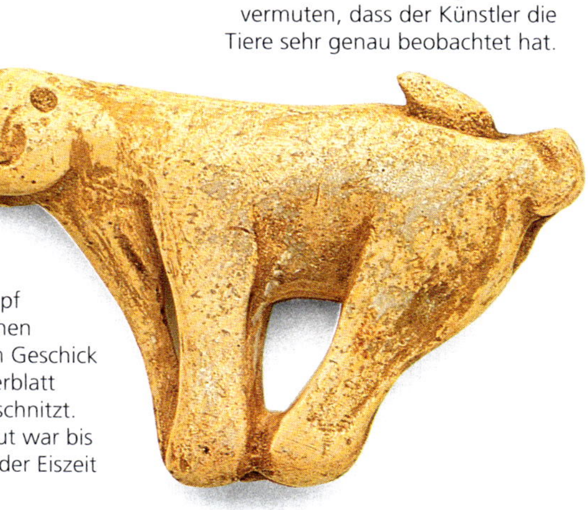

GESCHNITZTES MAMMUT
Dieses stilisierte Mammut mit langen, um den Kopf gebogenen Stoßzähnen wurde mit großem Geschick aus dem Schulterblatt eines Tiers geschnitzt. Das Mammut war bis zum Ende der Eiszeit häufig.

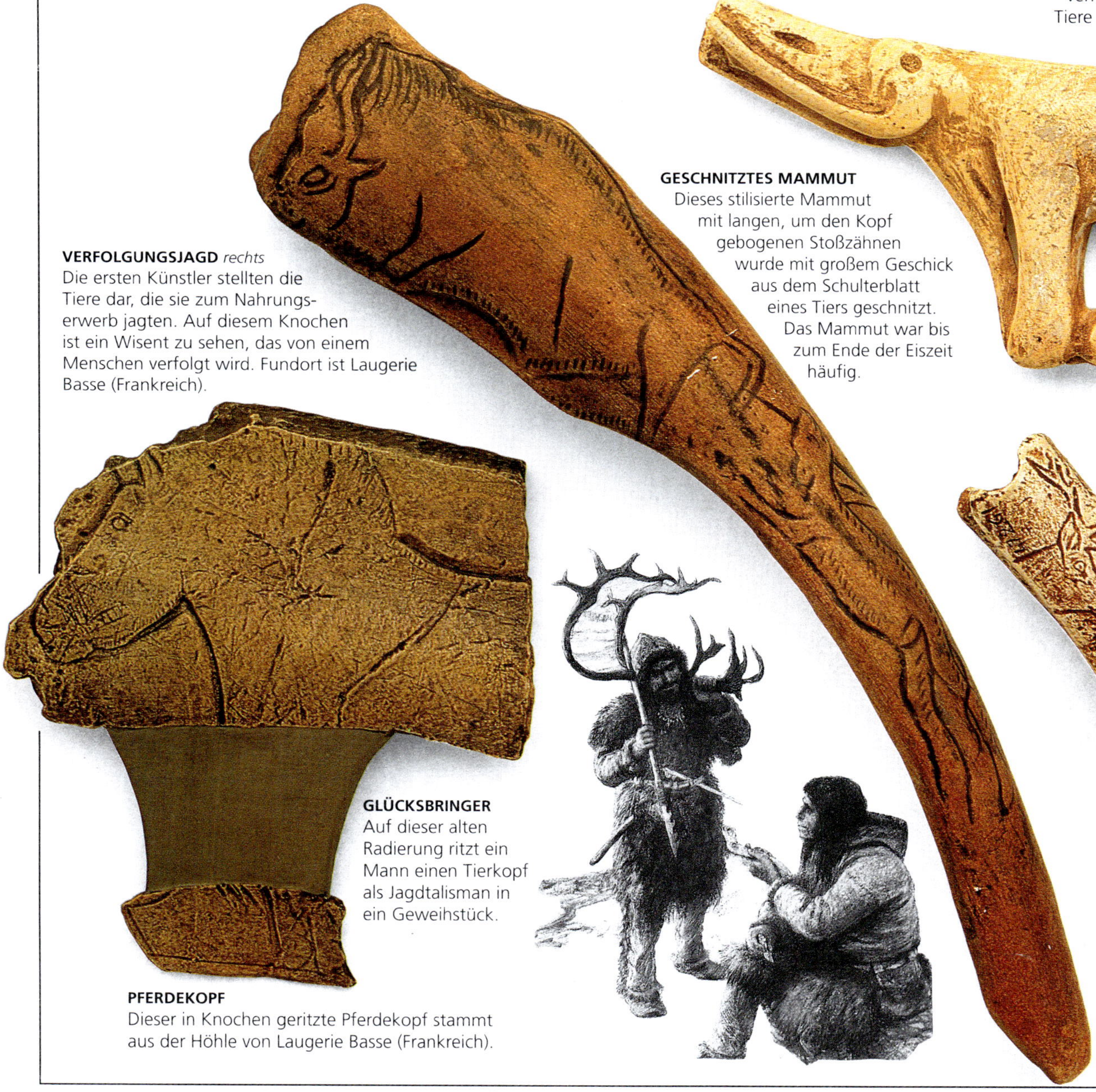

VERFOLGUNGSJAGD *rechts*
Die ersten Künstler stellten die Tiere dar, die sie zum Nahrungserwerb jagten. Auf diesem Knochen ist ein Wisent zu sehen, das von einem Menschen verfolgt wird. Fundort ist Laugerie Basse (Frankreich).

BEUTETIERE
In diesen Knochen sind fünf Gämsen geritzt. Diese Tiere kommen auch heute noch in europäischen Hochgebirgen vor.

GLÜCKSBRINGER
Auf dieser alten Radierung ritzt ein Mann einen Tierkopf als Jagdtalisman in ein Geweihstück.

PFERDEKOPF
Dieser in Knochen geritzte Pferdekopf stammt aus der Höhle von Laugerie Basse (Frankreich).

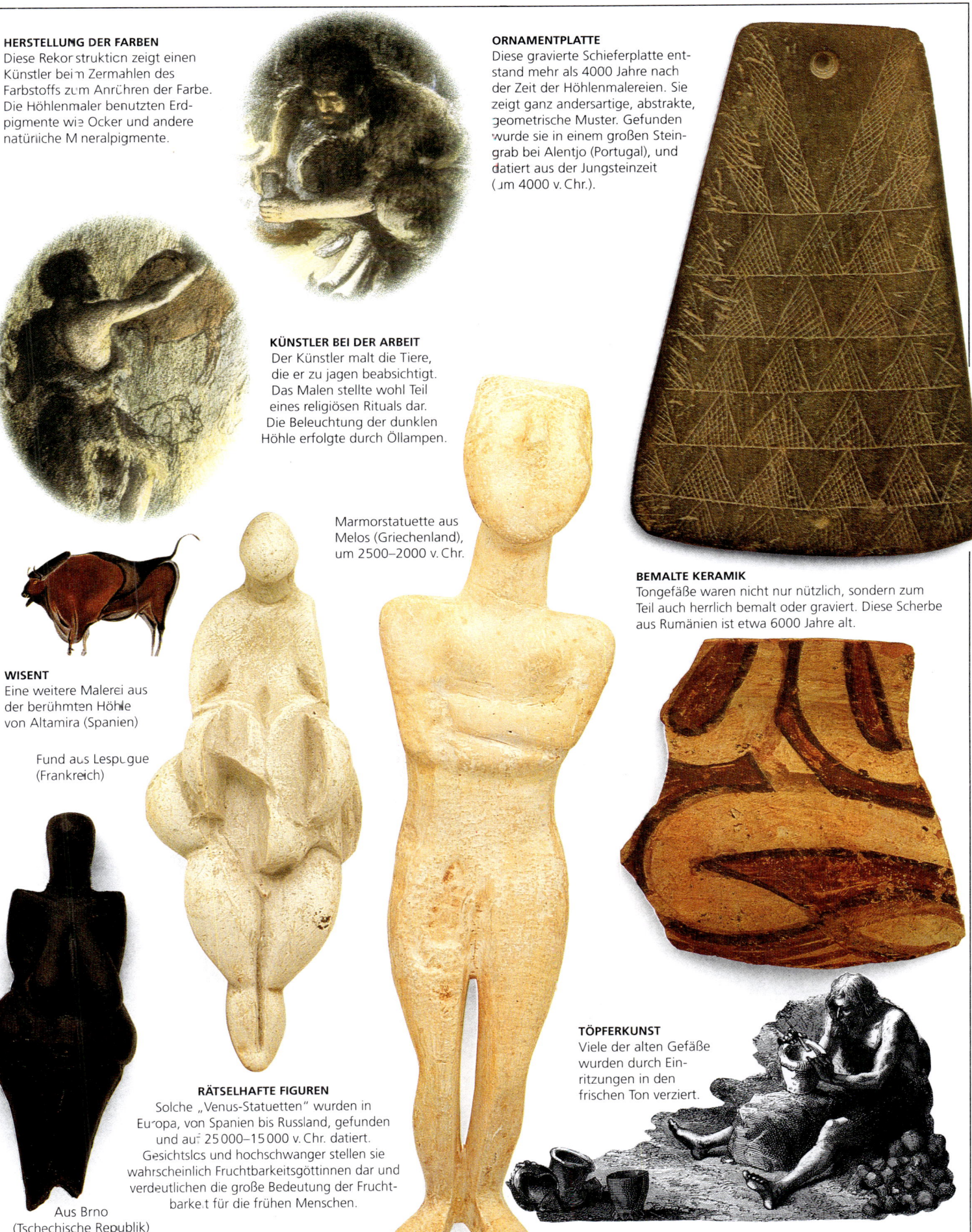

HERSTELLUNG DER FARBEN
Diese Rekonstruktion zeigt einen Künstler beim Zermahlen des Farbstoffs zum Anrühren der Farbe. Die Höhlenmaler benutzten Erdpigmente wie Ocker und andere natürliche Mineralpigmente.

ORNAMENTPLATTE
Diese gravierte Schieferplatte entstand mehr als 4000 Jahre nach der Zeit der Höhlenmalereien. Sie zeigt ganz andersartige, abstrakte, geometrische Muster. Gefunden wurde sie in einem großen Steingrab bei Alentjo (Portugal), und datiert aus der Jungsteinzeit (um 4000 v. Chr.).

KÜNSTLER BEI DER ARBEIT
Der Künstler malt die Tiere, die er zu jagen beabsichtigt. Das Malen stellte wohl Teil eines religiösen Rituals dar. Die Beleuchtung der dunklen Höhle erfolgte durch Öllampen.

Marmorstatuette aus Melos (Griechenland), um 2500–2000 v. Chr.

BEMALTE KERAMIK
Tongefäße waren nicht nur nützlich, sondern zum Teil auch herrlich bemalt oder graviert. Diese Scherbe aus Rumänien ist etwa 6000 Jahre alt.

WISENT
Eine weitere Malerei aus der berühmten Höhle von Altamira (Spanien)

Fund aus Lespugue (Frankreich)

RÄTSELHAFTE FIGUREN
Solche „Venus-Statuetten" wurden in Europa, von Spanien bis Russland, gefunden und auf 25000–15000 v. Chr. datiert. Gesichtslos und hochschwanger stellen sie wahrscheinlich Fruchtbarkeitsgöttinnen dar und verdeutlichen die große Bedeutung der Fruchtbarkeit für die frühen Menschen.

Aus Brno (Tschechische Republik)

TÖPFERKUNST
Viele der alten Gefäße wurden durch Einritzungen in den frischen Ton verziert.

Sammler und Jäger

Die meiste Zeit, die Menschen auf der Erde leben, ernährten sie sich durch Pflanzensammeln und Jagd. Während der Eiszeit jagten europäische Jäger wahrscheinlich sogar Großwild wie das Wollnashorn. Vor etwa 75 000 Jahren jagten die Menschen an der südafrikanischen Küste Robben und Pinguine und vor 40 000 Jahren jagten die ersten Australier heute ausgestorbene Riesenkängurus. Der Großteil der Nahrung in prähistorischer Zeit aber bestand aus Pflanzen wie Nüssen und Früchten sowie Muscheln, Schnecken und Ähnlichem, weil man diese leicht sammeln konnte. Reste dieser Art von Nahrung sind nicht so haltbar wie Knochen, sodass sie bei archäologischen Ausgrabungen nur selten gefunden werden. Dass die Menschen in prähistorischer Zeit ausgeklügelte Jagdmethoden kannten, ist durch die Funde von Speer- und Pfeilspitzen aus Feuerstein belegt.

STEINZEITLICHE JÄGER
Die Menschen in der Steinzeit jagten zum Nahrungserwerb mit Speeren, Pfeil und Bogen.

"Teller" aus Baumrinde

Brombeeren

OBST UND NÜSSE
Reste dieser nährstoffreichen Pflanzennahrung wurden in 12 000 Jahre alten Jägerlagern gefunden.

Haselnüsse

HARPUNENSPITZE
Diese Harpunenspitze aus Geweih ist ewa 10 000 Jahre alt.

Geweih lässt sich gut zu solchen Harpunenspitzen verarbeiten.

FISCHSPEER *oben*
Von einer Sandbank am Themseufer aus wurden mit dieser in der Nähe von London gefundenen Harpune Fische gefangen. Der Speer stammt aus der Zeit um 8000 v. Chr.

Mit Garn zusammengebunden

Entenfedern

EINFACH, ABER TÖDLICH
Obere und untere Hälfte eines nachgebildeten Pfeils aus der Mittleren Steinzeit. Mit Pfeil und Bogen konnten die scheuen Waldtiere aus einiger Entfernung erlegt werden.

Feuergehärtete Spitze

FEUERSTEINPFEIL
Solche Pfeile wurden vor etwa 8000 Jahren benutzt. Die Flintspitze wurde mit Birkenharz angeklebt.

Der Holzschaft ist eine Nachbildung.

Die Flintspitze ist in eine ins Holz geschnittene Rinne geklebt.

Der Pfeilschaft ist eine Nachbildung.

Geweihtülle

Andere Art der Wicklung

TÜLLENAXT
Bei dieser Axt ist die Axtspitze in eine Tülle aus Geweih eingepasst und mit einem Lederband am Schaft festgebunden. Sie diente vielleicht zum Ausgraben essbarer Wurzeln oder zur Holzbearbeitung.

GRABWERKZEUG
Zum Graben nach Nahrung benutzten die prähistorischen Sammler und Jäger einen mit einem Gewicht beschwerten Stock.

Keil zum Festklemmen

Holztülle

Spitze von 10 000–4000 v. Chr.

Durchlöcherter Quarzitstein

FEINARBEIT
In der frühen Bronzezeit entstanden verschiedene fein gearbeitete, z. T. verzierte Pfeilspitzen aus Feuerstein.

FLINTBEIL
Eine Axt besitzt asymmetrische Schnittflächen und ist rechtwinklig am Stiel befestigt. Zum Holzhacken wird sie abwärts geschlagen, oft zwischen den Beinen. Diese Axtspitze ist mit Knochenleim oder Harz in einer hölzernen Tülle befestigt.

BEUTETIER
Die etwa 20 000 Jahre alten Höhlenmalereien zeigen meist Jagdwild jener Zeit wie diesen Hirsch (Dordogne, Frankreich).

Pyrit

Traditionelle Form

Die Stiele sind Nachbildungen.

Ohne Schaft

FEUER ANZÜNDEN
Beim Anschlagen von Pyrit mit Feuerstein entstehen Funken. Lässt man diese Funken auf Zunder fallen, kann man durch Anblasen ein Feuer entfachen.

Feuerstein

Umgekehrt herzförmig

Dieses Rentier wird mit einer Steinaxt zerlegt.

Neuer Holzstab

27

Jäger in der Wüste

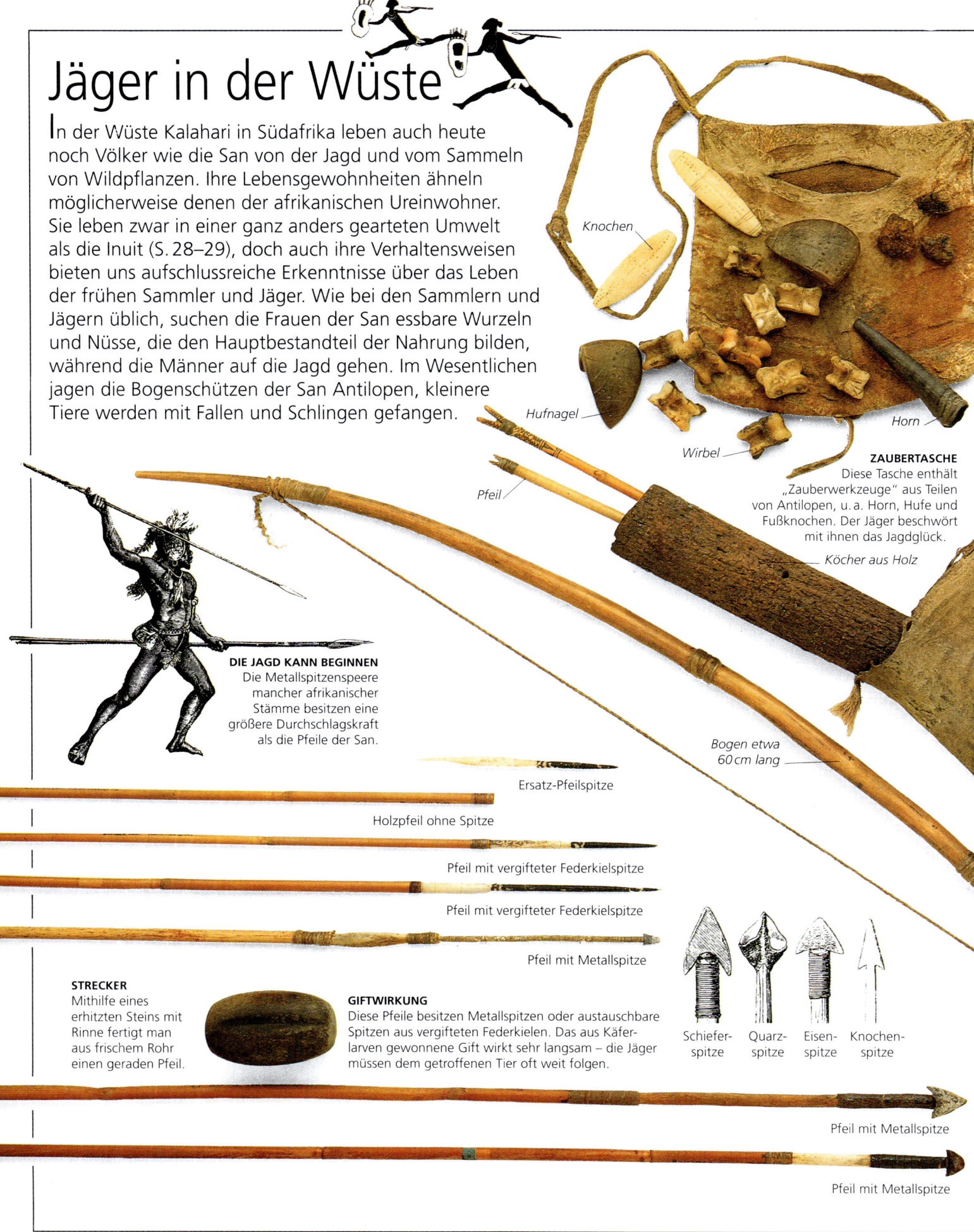

In der Wüste Kalahari in Südafrika leben auch heute noch Völker wie die San von der Jagd und vom Sammeln von Wildpflanzen. Ihre Lebensgewohnheiten ähneln möglicherweise denen der afrikanischen Ureinwohner. Sie leben zwar in einer ganz anders gearteten Umwelt als die Inuit (S. 28–29), doch auch ihre Verhaltensweisen bieten uns aufschlussreiche Erkenntnisse über das Leben der frühen Sammler und Jäger. Wie bei den Sammlern und Jägern üblich, suchen die Frauen der San essbare Wurzeln und Nüsse, die den Hauptbestandteil der Nahrung bilden, während die Männer auf die Jagd gehen. Im Wesentlichen jagen die Bogenschützen der San Antilopen, kleinere Tiere werden mit Fallen und Schlingen gefangen.

Knochen

Hufnagel

Pfeil

Wirbel

Horn

ZAUBERTASCHE
Diese Tasche enthält „Zauberwerkzeuge" aus Teilen von Antilopen, u. a. Horn, Hufe und Fußknochen. Der Jäger beschwört mit ihnen das Jagdglück.

Köcher aus Holz

DIE JAGD KANN BEGINNEN
Die Metallspitzenspeere mancher afrikanischer Stämme besitzen eine größere Durchschlagskraft als die Pfeile der San.

Bogen etwa 60 cm lang

Ersatz-Pfeilspitze

Holzpfeil ohne Spitze

Pfeil mit vergifteter Federkielspitze

Pfeil mit vergifteter Federkielspitze

Pfeil mit Metallspitze

STRECKER
Mithilfe eines erhitzten Steins mit Rinne fertigt man aus frischem Rohr einen geraden Pfeil.

GIFTWIRKUNG
Diese Pfeile besitzen Metallspitzen oder austauschbare Spitzen aus vergifteten Federkielen. Das aus Käferlarven gewonnene Gift wirkt sehr langsam – die Jäger müssen dem getroffenen Tier oft weit folgen.

Schiefer-spitze   Quarz-spitze   Eisen-spitze   Knochen-spitze

Pfeil mit Metallspitze

Pfeil mit Metallspitze

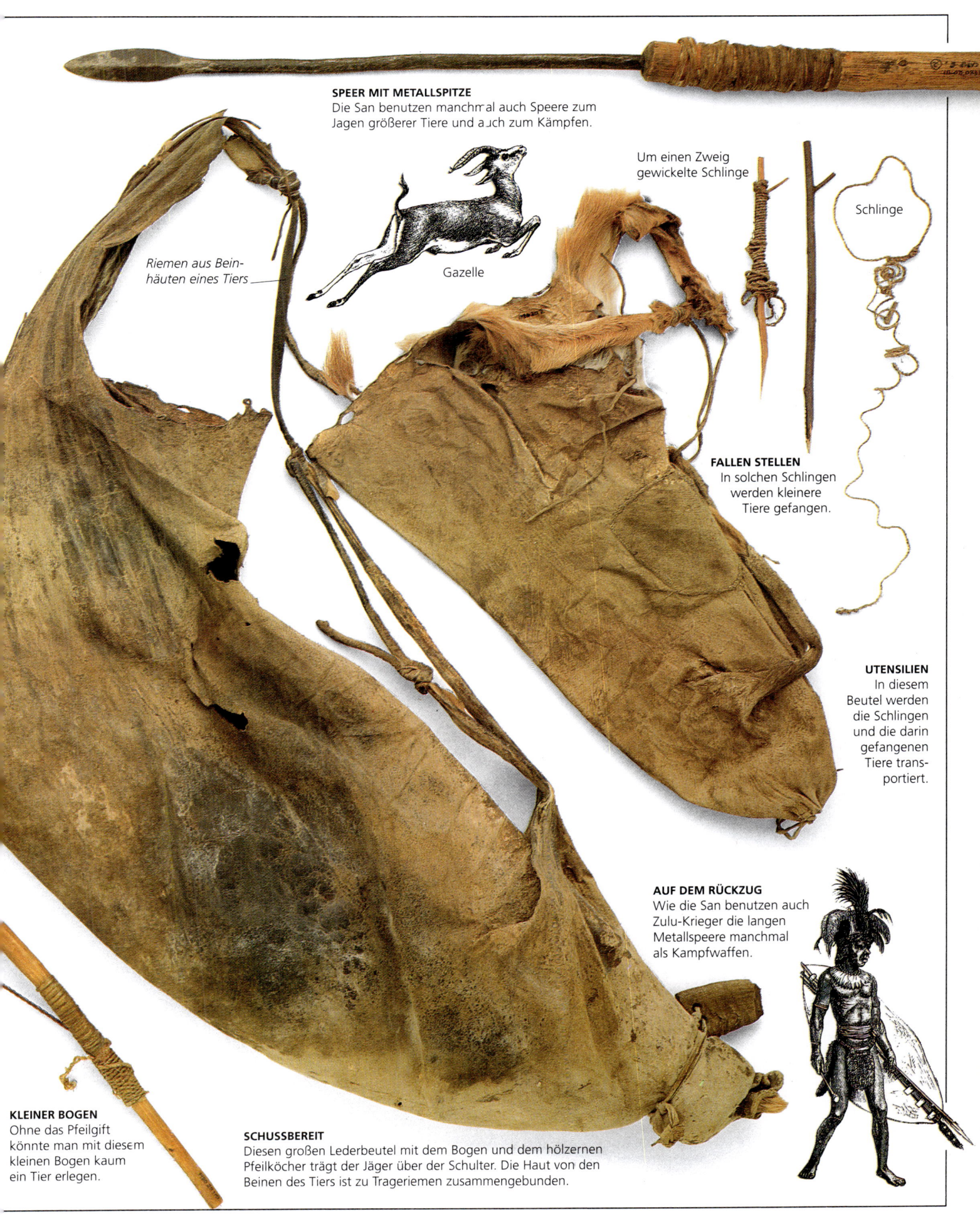

SPEER MIT METALLSPITZE
Die San benutzen manchmal auch Speere zum Jagen größerer Tiere und auch zum Kämpfen.

Um einen Zweig gewickelte Schlinge

Schlinge

Gazelle

Riemen aus Bein-häuten eines Tiers

FALLEN STELLEN
In solchen Schlingen werden kleinere Tiere gefangen.

UTENSILIEN
In diesem Beutel werden die Schlingen und die darin gefangenen Tiere trans-portiert.

AUF DEM RÜCKZUG
Wie die San benutzen auch Zulu-Krieger die langen Metallspeere manchmal als Kampfwaffen.

KLEINER BOGEN
Ohne das Pfeilgift könnte man mit diesem kleinen Bogen kaum ein Tier erlegen.

SCHUSSBEREIT
Diesen großen Lederbeutel mit dem Bogen und dem hölzernen Pfeilköcher trägt der Jäger über der Schulter. Die Haut von den Beinen des Tiers ist zu Trageriemen zusammengebunden.

Ackerbau und Viehzucht

Als der Mensch vor etwa 10 000 Jahren – zuerst im Nahen Osten – begann, Ackerbau zu treiben und Tiere zu halten, stellte dies den bis dahin größten Fortschritt dar. In den nächsten 6000 Jahren drang die Landwirtschaft in alle Teile Europas vor und entwickelte sich unabhängig davon, zum Beispiel auch in Amerika und im Fernen Osten. Ackerbau und Viehzucht bedeuteten eine sicherere Nahrungsversorgung als Pflanzensammeln und Tierejagen. Durch Landwirtschaft konnte man nun auch das ganze Jahr über an einem Ort bleiben und eine größere Anzahl von Menschen ernähren. Dadurch nahm die Bevölkerungsdichte zu und Städte entstanden.

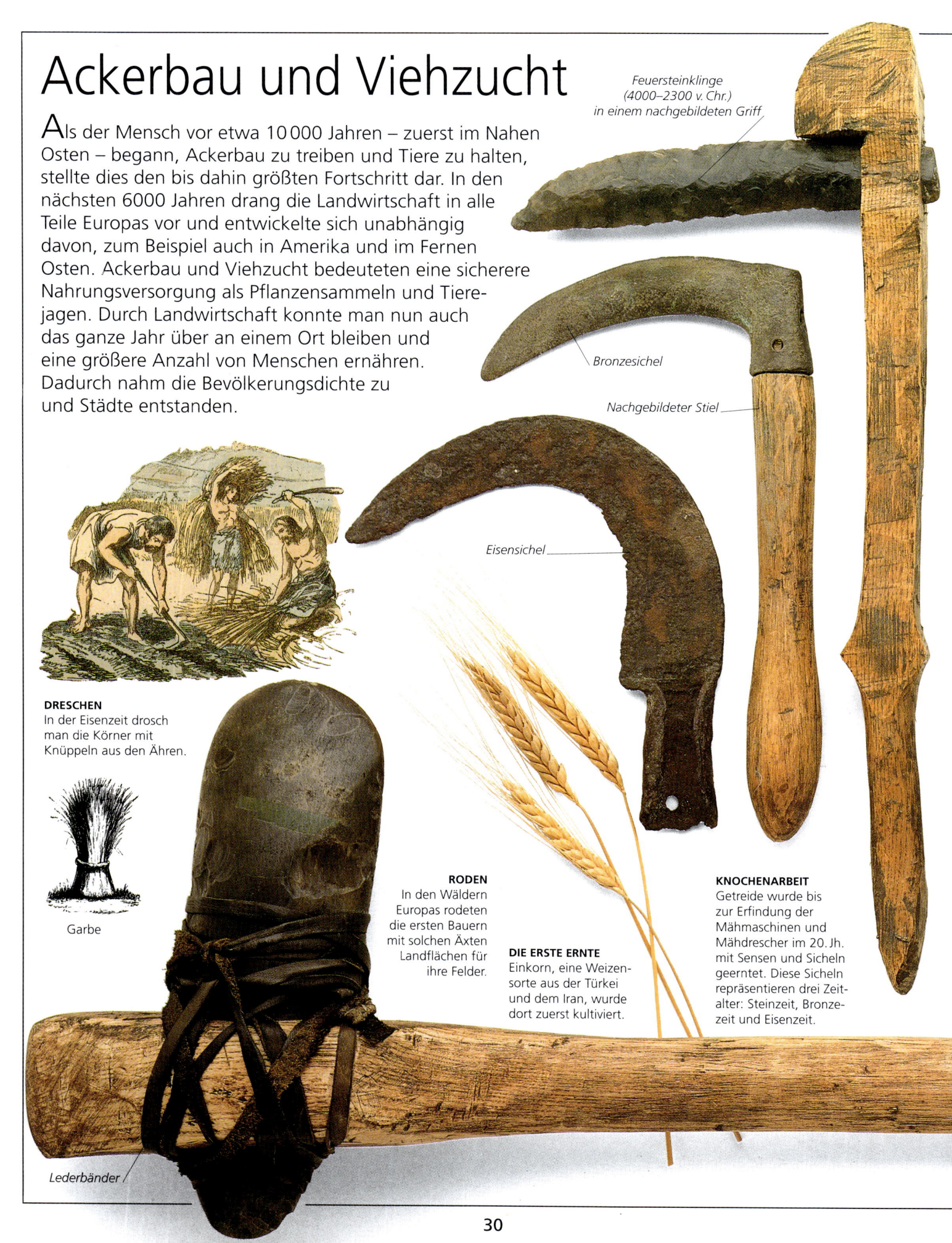

Feuersteinklinge (4000–2300 v. Chr.) in einem nachgebildeten Griff

Bronzesichel

Nachgebildeter Stiel

Eisensichel

DRESCHEN
In der Eisenzeit drosch man die Körner mit Knüppeln aus den Ähren.

Garbe

RODEN
In den Wäldern Europas rodeten die ersten Bauern mit solchen Äxten Landflächen für ihre Felder.

DIE ERSTE ERNTE
Einkorn, eine Weizensorte aus der Türkei und dem Iran, wurde dort zuerst kultiviert.

KNOCHENARBEIT
Getreide wurde bis zur Erfindung der Mähmaschinen und Mähdrescher im 20. Jh. mit Sensen und Sicheln geerntet. Diese Sicheln repräsentieren drei Zeitalter: Steinzeit, Bronzezeit und Eisenzeit.

Lederbänder

Die Löcher dienten
wahrscheinlich der
Durchlüftung.

TONPLATTEN
Platten aus gebranntem Ton
wie diese von um 1000 v. Chr.
könnten zur Durchlüftung
von Backöfen gedient haben.

Sandstein zum Mahlen

TÄGLICH BROT
Solches ungesäuertes
Brot wurde in der
Steinzeit hergestellt.

Mahlfertiges Korn

VOM KORN ZUM MEHL
Vor etwa 4000–6000 Jahren
benutzte man solche Mahlsteine.
Das Getreide wird auf den flachen Stein gelegt
und mit dem runden „Reibstein" zu Mehl vermahlen.

MEHL MAHLEN
In der Bronzezeit benutzte
man zwei große, flache Steine
jeglicher Art zum Mahlen.

Kleidung

Kleidung wurde wahrscheinlich zum ersten Mal während der Eiszeit getragen. Ihre Behaarung reichte den damaligen Menschen nicht mehr aus, um bei den zeitweise recht niedrigen Temperaturen nicht zu erfrieren. So stellten sie Kleidung aus den Häuten und Fellen der Tiere her, die sie zum Nahrungserwerb jagten. Gespannte und getrocknete Felle wärmten sehr gut und wurden nicht nur für Kleidung, sondern auch als Zeltplanen benutzt. Die ersten Wollstoffe wurden wahrscheinlich im Nahen Osten hergestellt, wo man in der Jung-steinzeit mit der Schafzucht begann. Spinnen und Weben wurde zunehmend bekannter. In der Eisenzeit wurden schon feine Gewebe mit hoch entwickelten Webrahmen hergestellt. Seit der Steinzeit verwendete man Farben. Bunte Kleidung und Schmuck (S. 34–35) ermöglichten den Menschen schon damals mit ihrem Äußeren Auf-sehen zu erregen.

Kämme aus Geweih

SCHABER
Das abge-zogene Fell wurde mit einem Schaber von Fett- und Gewebe-resten befreit.

FLINTMESSER
Diese scheibenförmi-gen Messer wurden zum Abhäuten und zum Schneiden der Häute benutzt.

LEDERHERSTELLUNG
Das Herstellen von Leder erfordert drei Arbeitsgänge. Das Fell wird zuerst gereinigt und durch Kämmen (oben) enthaart, dann gegerbt, um es haltbar zu machen und schließlich verziert und behandelt, damit es die richtige Dicke hat und nicht austrocknet.

AHLE
Das vorbehandelte, gegerbte Leder wird zugeschnitten. Mit Ahlen oder Pfriemen (Abbildung) werden Löcher entlang der Lederränder gestanzt, damit sie zusammen-genäht werden können.

STRECKEN UND SCHABEN
Der erste Schritt zum fertigen Leder ist das Aufspannen auf einen Rahmen, damit das Leder nicht schrumpft und sich verzieht. Mit Flintschabern wird dann die Innenseite des Fells von Geweberesten gereinigt und geschmeidig gemacht. Dieser viktorianische Stich zeigt zwei Höhlenmenschen beim Schaben eines aufgespannten Bärenfells.

ROHWOLLE
Anfangs wurde die Wolle vom Schafrücken gesammelt, wenn die Tiere ihr Fell wechselten.

Gesponnene Wolle

Spinnwirtel

SPINDEL
Die Rohwolle wird auf eine Spindel gedreht, sodass man einen Einzelfaden erhält. Der irdene Spinnwirtel am einen Ende erleichtert durch sein Gewicht die Drehbewegung.

SPINNEN UND WEBEN
Dieser alte Stich zeigt die zwei Hauptarbeitsgänge der Tuchherstellung. Die Frau im Vordergrund spinnt die Rohwolle am Baum zu einem Faden, indem sie die Spindel in ihrer linken Hand dreht. Der Mann im Hintergrund webt auf einem Webrahmen die Wolle zu Stoff.

Saflorgelb

Saflorrot

WOLLFARBEN
Die Färberdistel (Saflor) wird seit 2000 v. Chr. verwendet.

ALTERTÜMLICHE WOLLE
Diese Wolle stammt von Wildschafen, die heute nur noch auf der Hebrideninsel Soay (vor der schottischen Küste) vorkommen. So etwa mag die Wolle in frühgeschichtlicher Zeit ausgesehen haben. Braun ist ihre natürliche Farbe. Diese Wolle ist zu einem Faden versponnen und kann gestrickt oder gewebt werden.

WEBRAHMEN
Der Webrahmen wurde in der Steinzeit erfunden und ermöglichte nun zum ersten Mal die Tuchherstellung. Der Rahmen spannt die senkrechten Wollfäden, mit einem Schiffchen werden die waagerechten Fäden dazwischengewoben.

Loch zum Durchfädeln

Gewebe aus der Jungsteinzeit

Neuzeitlicher indianischer Webrahmen

Knochenschiffchen

Gewicht aus Ton zum Spannen der Fäden

Schmuck und Kosmetik

Die Menschen früherer Zeiten schmückten ihre Körper weitaus intensiver als wir es heute, zumindest in der westlichen Welt, zu tun pflegen. Grabmalereien, Skulpturen und konservierte Leichen vermitteln einen kleinen Eindruck von den Gebräuchen in frühgeschichtlicher Zeit. Weitere Informationen liefern Beobachtungen bei Naturvölkern. So weiß man, dass Tätowierungen, Körperbemalung, kunstvolle Haartracht und das Tragen von Schmuck früher bei Männern und Frauen verbreitet waren.

MACHT DER BEMALUNG
Die Medizinmänner nordamerikanischer Indianerstämme besaßen eine kunstvolle Körperbemalung, wenn sie böse Geister mimten.

AUSSERGEWÖHNLICHER DUFT
Ambra, aus den Eingeweiden von Pottwalen gewonnen, riecht sehr intensiv und diente auf den Inseln des südlichen Pazifiks als Parfümgrundlage.

GEGEN MUNDGERUCH
Olibanum, das Harz des Weihrauchbaumes, wurde zur Erfrischung des Atems benutzt.

Rouge

Hülsen

Pigmentpulver

ROT
Rote Farbe (frz. *rouge*) aus dieser „Puderdose" aus dem Süden Neuguineas wird im Gesicht oder auf den ganzen Körper aufgetragen.

ROUGE
Diese Fruchthülsen und das aus ihnen gewonnene rote Pulver zur Gesichtsbemalung stammen aus dem Gran Chaco (Südamerika).

Löffel und Spatel zum Anrühren von Schwärze

KÄMME
Stämme aus dem Amazonasregenwald benutzten solche verzierten Kämme.

AUGEN-MAKE-UP
Diese Blöcke wurden zu Schwärzepulver vermahlen, mit dem man die Haut um die Augen herum dunkel färbte.

SCHWARZ STATT WEISS
Diese gravierte Kokosnuss enthält eine Mixtur zum Schwärzen der Zähne. Sie stammt von den Salomoninseln.

LEOPARD
Gefährliche Raubtiere wie der Leopard gelten in manchen Kulturen als Quellen großer Kraft.

Leopardenklauen

HALSKETTEN AUS LEOPARDENKLAUEN
Diese Halskette aus Nigeria ist nicht nur dekorativ, ihr wurden auch magische Kräfte zugesprochen.

Federn waren in anderen Kulturen lange Zeit beliebte Schmuckgegenstände.

JAGDSCHMUCK
Ein Jäger vor 10 000 Jahren: Er trägt eine Halskette aus Tierzähnen und mehrere Armreifen.

Jedes Kettenglied besteht aus einem Hornissenkörper.

INSEKTENKETTE
Diese Halskette aus den Nagabergen in Birma ist aus über hundert Hornissen hergestellt.

Hornisse

GEFIEDERTER KAMM
Dieser einfache Knochenkamm mit Federschmuck wurde im vergangenen Jahrhundert aus Papua-Neuguinea mitgebracht.

ANHÄNGER
Dieser Anhänger wurde von australischen Ureinwohnern getragen.

Afrikanischer Krieger mit Federschmuck

Magie

In primitiven, nicht von den modernen Wissenschaften geprägten Kulturen spielt Zauberei im täglichen Leben eine wichtige Rolle. Es ist ganz natürlich, wenn die Menschen unter solchen Lebensumständen glauben, dass Krankheiten auf der Macht böser Geister beruhen. Daraus folgt natürlich auch, dass die Menschen die Geister beschwören müssen, um herauszufinden, warum ein Unglück geschehen ist und was man dagegen tun kann. Oft ist dies die Aufgabe einer Einzelperson – des Schamanen, Geisterbeschwörers, Zauberpriesters oder Medizinmanns. Meist muss ein Opfer gebracht, ein bestimmtes Ritual vollzogen werden, und oft werden Talismane, Glücksbringer, getragen, um Unheil abzuwehren. Es ist wahrscheinlich, dass die ersten Menschen Zauberei betrieben, um die besten Zeiten und Orte zur Jagd zu erfahren und Krankheiten zu heilen. Allerdings gibt es dafür kaum Beweise. Die meisten der hier abgebildeten Zaubergegenstände entstammen daher heutigen Kulturen.

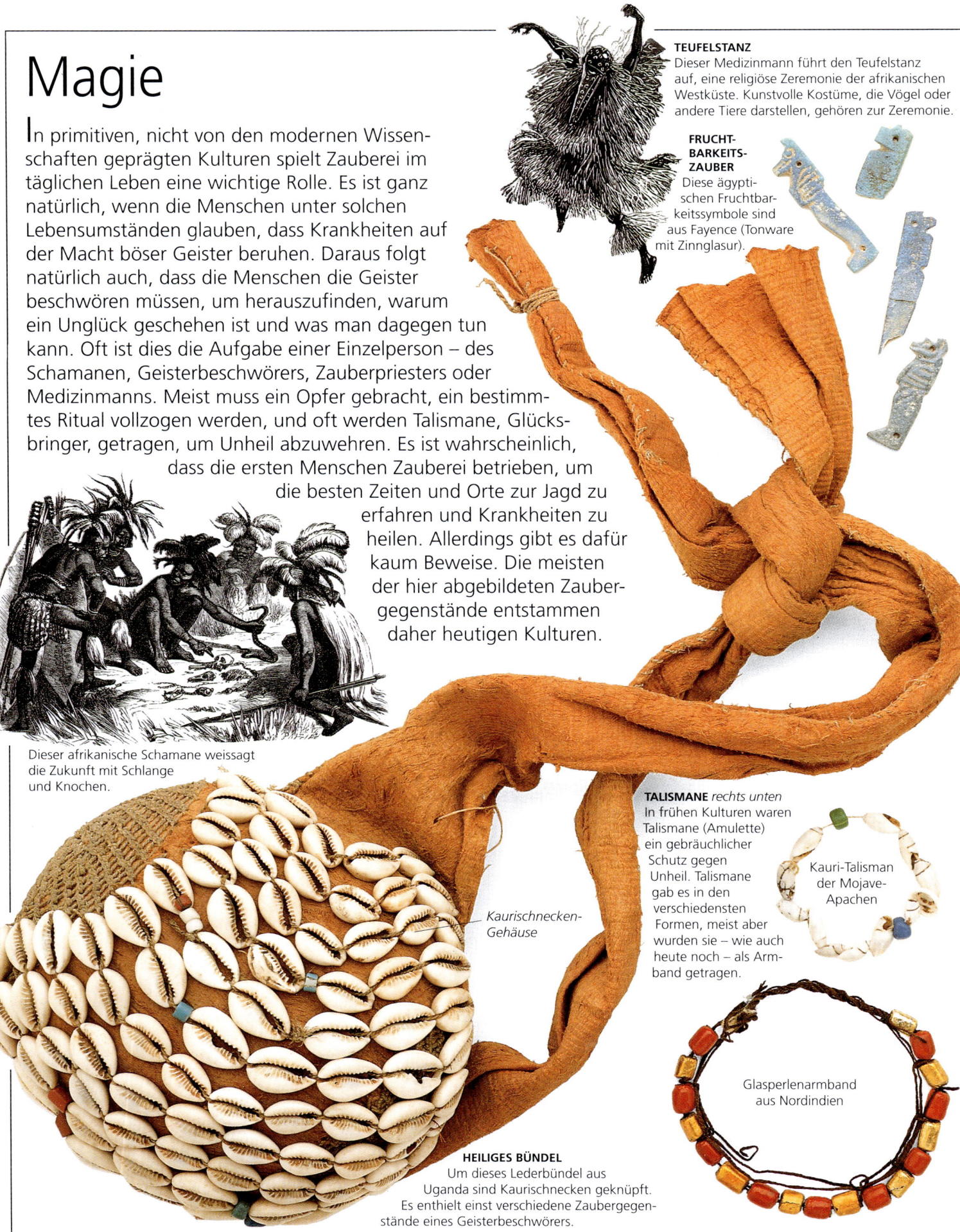

TEUFELSTANZ
Dieser Medizinmann führt den Teufelstanz auf, eine religiöse Zeremonie der afrikanischen Westküste. Kunstvolle Kostüme, die Vögel oder andere Tiere darstellen, gehören zur Zeremonie.

FRUCHT-BARKEITS-ZAUBER
Diese ägyptischen Fruchtbarkeitssymbole sind aus Fayence (Tonware mit Zinnglasur).

Dieser afrikanische Schamane weissagt die Zukunft mit Schlange und Knochen.

Kaurischnecken-Gehäuse

TALISMANE *rechts unten*
In frühen Kulturen waren Talismane (Amulette) ein gebräuchlicher Schutz gegen Unheil. Talismane gab es in den verschiedensten Formen, meist aber wurden sie – wie auch heute noch – als Armband getragen.

Kauri-Talisman der Mojave-Apachen

Glasperlenarmband aus Nordindien

HEILIGES BÜNDEL
Um dieses Lederbündel aus Uganda sind Kaurischnecken geknüpft. Es enthielt einst verschiedene Zaubergegenstände eines Geisterbeschwörers.

MÄCHTIGER MOHN
Die berauschende und betäubende Wirkung von Schlafmohnsamen ist seit Jahrtausenden bekannt. Medizinmänner benutzen solche Drogen, um Trance auszulösen.

Ein Stück Holz, das man auf dem Wasser in der Schüssel schwimmen ließ

GLÖCKCHEN
Oftmals werden die Geister in einem Zustand der Trance mit Musik und Tanz beschworen. Trommeln spielen dabei eine wichtige Rolle als Rhythmusinstrumente, aber auch Glocken wie diese Ziegenglocken aus Tansania.

ZAUBERSCHÜSSEL
Mit solchen Schüsseln fanden die Schamanen in Tansania den Grund eines Unglücks heraus. Sie ließen Wasser hinein und verschiedene Gegenstände darauf schwimmen, deren Bewegungen gedeutet wurden.

Nussschalen

Eine riesige Stelzen-figur im Riesentanz der Apono

VORSORGE
Diese kleine rote Figur besteht aus Holz, Knochen, Leder, Stoff und Nüssen. Bei den Nte'va vom oberen Kongo diente sie dazu, „auf den Körper zu achten", also Krankheiten fernzuhalten.

DIREKTVERBINDUNG ZU DEN GEISTERN
Geisterbeschwörer kommunizieren auf verschiedene Arten mit den Geistern. Sie lesen Botschaften, sind vom Geist besessen oder sprechen durch heilige Gegenstände wie dieses Antilopenhorn aus Zentralafrika direkt mit dem Geist.

FISCHAMULETT
Dieser Talisman wurde zum Schutz vor bösen Geistern um den Hals getragen. Er stammt aus Papua-Neuguinea und hat die Form eines Raub-fischs in einem Korb.

37

Bestattungsriten

Seit die Neandertaler vor etwa 60 000 Jahren als erste Menschen ihre Toten bestatteten, haben die meisten Völker ihre Verstorbenen rituell begraben, verbrannt oder mumifiziert. Für die meisten dieser Menschen war der Tod nicht das Ende ihrer Existenz, sondern nur eine Station auf einer langen Reise. Oft wurde und wird der Tod auch heute noch als der Zeitpunkt angesehen, wo die Seele den Körper verlässt, um sich einen anderen Aufenthaltsort zu suchen – im Himmel, in der Natur, in einem Grab oder im Haus. So spielt der Tod damals wie heute eine zentrale Rolle und wird von rituellen Zeremonien begleitet. Die Bestattungsriten sind und waren in den einzelnen Kulturen recht unterschiedlich und oftmals sehr kompliziert. In manchen archaischen Gesellschaften wurde ein Scheiterhaufen errichtet und der oder die Tote zusammen mit Opfern verbrannt. Reiche Grabbeigaben sollten den Toten ein angemessenes Leben im Jenseits ermöglichen. Da Bestattungen mit größter Sorgfalt durchgeführt wurden, sind die Leichen oft noch gut erhalten. Archäologische Untersuchungen von Gräbern ermöglichen meist eine gute Rekonstruktion der Bestattungsriten und lassen auch Rückschlüsse auf das Leben in jener Zeit zu.

PRÄHISTORISCHES GRAB
Diese Rekonstruktion zeigt die Überreste einer Frau vor einer Höhle bei Les Eyzies in Frankreich um 12 000–9000 v. Chr.

Eingang zu einem Kammergrab, Cairn of Dowth (Irland)

DIE PYRAMIDEN
Diese königliche Begräbnisstätte mit einigen der berühmtesten Gräbern entstand zwischen 2700 und 2500 v. Chr. In den drei größten Pyramiden waren die Pharaonen Cheops, Chephren und Mykerinos begraben.

Im Vordergrund erkennt man Mumiengräber.

TOTENHÄUSER
Megalithen nennt man solche Gruppen aus gigantischen Steinplatten. In manchen dieser Monumente haben scheinbar niemals Tote gelegen, in anderen fand man in Reihen aufeinandergeworfene Skelette. Die abgebildeten Beispiele sind etwa 5000 Jahre alt.

Megalith aus sechs senkrechten Steinplatten mit einer Deckplatte

Gerste

SPEISE FÜR DIE TOTEN
Diese Samen aus dem Pharaonengrab des Tutanchamun wurden kürzlich in einer alten Schachtel gefunden. Sie waren bei den Ausgrabungen entdeckt und zur Bestimmung nach England geschickt worden, dort aber 46 Jahre lang in Vergessenheit geraten. Diese Grabbeigaben geben Aufschluss darüber, welche Pflanzen damals wuchsen und was man damals aß.

Brustbeeren

Urne

GRABHÜGEL
Dieser Stich zeigt eine Grabkammer mit dem Skelett eines um 2000 v. Chr. beigesetzten Menschen. Darüber sieht man eine später bestattete Urne.

Melonenkerne

Mumiennahrung

Solche Gefäße wurden im Haushalt und als Urnen verwandt.

Mumifizierung

Wenngleich wir Mumien meist mit Ägypten in Verbindung bringen, gibt es sie doch auch in anderen Regionen der Erde. In bestimmten Küstengebieten Perus trug das trockene Wüstenklima dazu bei, dass die Leichen mit Haut und Haar, nebst Grabbeigaben, fast vollständig erhalten blieben.

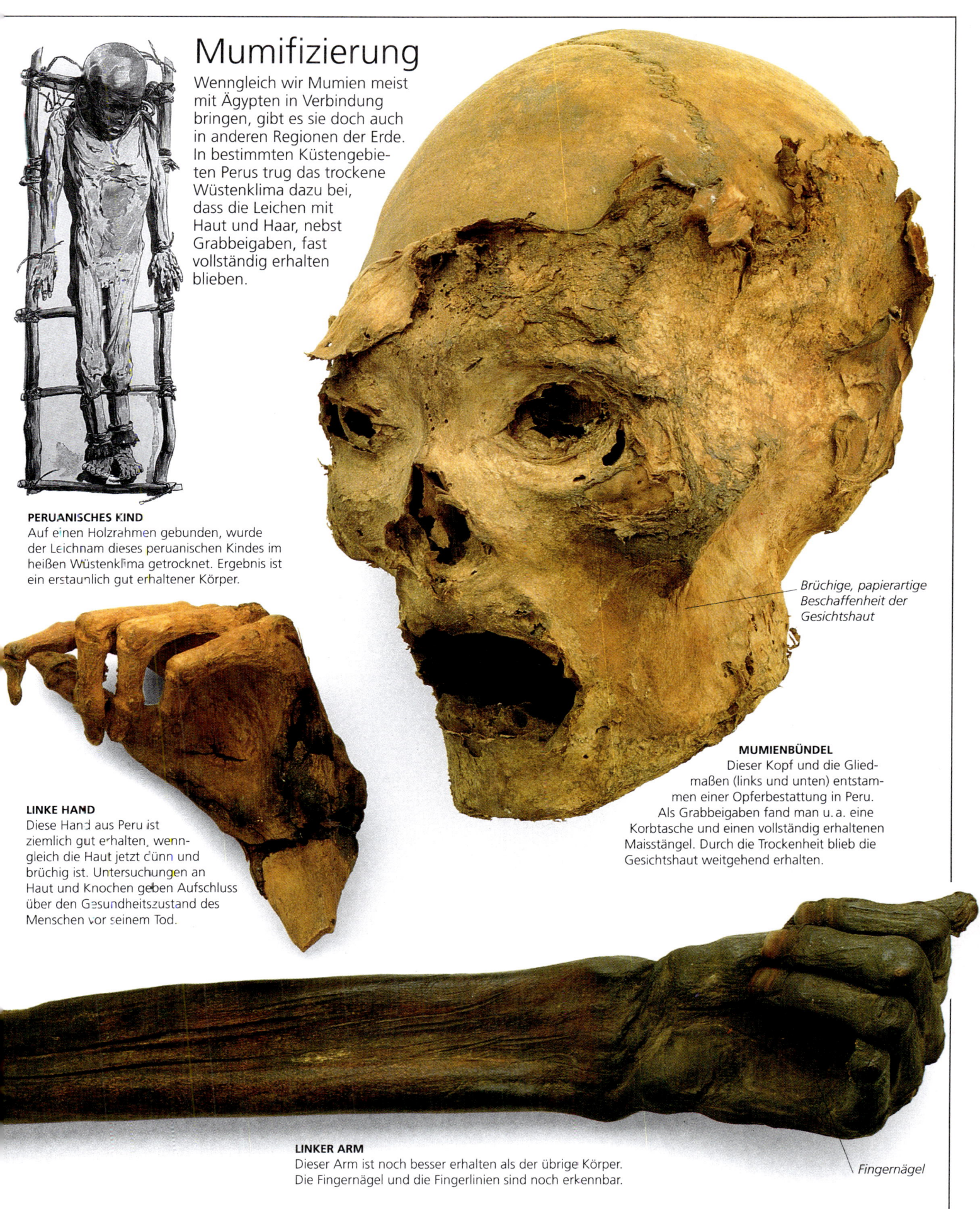

PERUANISCHES KIND
Auf einen Holzrahmen gebunden, wurde der Leichnam dieses peruanischen Kindes im heißen Wüstenklima getrocknet. Ergebnis ist ein erstaunlich gut erhaltener Körper.

LINKE HAND
Diese Hand aus Peru ist ziemlich gut erhalten, wenngleich die Haut jetzt dünn und brüchig ist. Untersuchungen an Haut und Knochen geben Aufschluss über den Gesundheitszustand des Menschen vor seinem Tod.

Brüchige, papierartige Beschaffenheit der Gesichtshaut

MUMIENBÜNDEL
Dieser Kopf und die Gliedmaßen (links und unten) entstammen einer Opferbestattung in Peru. Als Grabbeigaben fand man u. a. eine Korbtasche und einen vollständig erhaltenen Maisstängel. Durch die Trockenheit blieb die Gesichtshaut weitgehend erhalten.

LINKER ARM
Dieser Arm ist noch besser erhalten als der übrige Körper. Die Fingernägel und die Fingerlinien sind noch erkennbar.

Fingernägel

Alte Schriften

Die erste Schrift entstand in Mesopotamien (im heutigen Irak). Zum Auflisten verkaufter Gegenstände wurden diese auf Täfelchen gemalt, später benutzte man Symbole, auch zur Darstellung abstrakter Gedanken. Etwa um 3500 v. Chr. schrieb man Schriftzeichen für einzelne Silben oder Wörter der gesprochenen Sprache mit einem Griffel auf Tontafeln. Diese Art der Schrift nennt man Keilschrift. Die Idee Dinge aufzuschreiben, verbreitete sich über die ganze Welt. Um 1000 v. Chr. hatten die Phönizier ein Alphabet entwickelt. Auch in anderen Kontinenten entstanden unabhängig davon Schriftsprachen. Die ersten chinesischen Niederschriften befinden sich auf Knochen und protokollieren militärische Unternehmungen und die Taten von Königen. In Mittelamerika benutzten die Maya Hieroglyphen (von denen die meisten noch gar nicht lange entziffert sind), um den Gang der Gestirne und königliche Dynastien zu protokollieren. In allen archaischen Gesellschaften waren Schriftbeherrschung und damit verbunden Macht und Wissen das Vorrecht einer kleinen Elite.

KEILSCHRIFTTAFEL
Die älteste bekannte Schriftform, die Keilschrift, wurde mit einem Griffel mit keilförmigem Ende in noch feuchten Ton gepresst. Diese Tafel aus Mesopotamien datiert von etwa 3400 v. Chr.

GRUNDSTEIN
Dieser 4000 Jahre alte konische Ziegelstein aus der berühmten sumerischen Stadt Ur war als Grundstein eines Gebäudes in eine Lehmziegelmauer eingebaut.

Siegel

Abdruck

ZYLINDRISCHES SIEGEL
Mit solchen Siegeln, die den Namen des Besitzers trugen, wurden im alten Mesopotamien Dokumente unterzeichnet. Über den feuchten Ton einer Dokumententafel gerollt hinterließen sie einen charakteristischen Abdruck. Dieses Siegel ist über 5000 Jahre alt.

Siegel

Abdruck

KEILERSIEGEL *links*
Siegel wurden aus den verschiedensten Steinen hergestellt, auch aus Edelsteinen. Die Formen waren ebenfalls sehr unterschiedlich. Dieses Siegel von etwa 3400 v. Chr. hat die Form eines Wildschweins.

STIERSIEGEL *rechts*
Die Indus-Kultur im nördlichen Indien und Pakistan hatte ihren Höhepunkt zwischen 2300 und 1750 v. Chr. Wie die Sumerer besaßen auch die Menschen vom Indus eine Schriftsprache und verwendeten Siegel. Dieses Steinsiegel mit einem Stier ist typisch für diese Periode.

Siegel

Abdruck

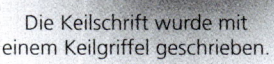

Die Keilschrift wurde mit einem Keilgriffel geschrieben.

Maya-Schrift
auf Tonwaren

In Knochen geritzte Maya-Schrift

Aufgemalte Maya-Schrift

MAYA-SCHRIFT
Über Generationen war die Bilderschrift der Maya den Gelehrten ein Rätsel. Die ersten einfachen Kalenderzeichen wurden 1880 entschlüsselt, doch beinahe ein Jahrhundert lang glaubte man, dass die Maya nur den Kalender und astronomische Berechnungen schriftlich niedergelegt hatten. In den 60er-Jahren des 20. Jh. aber entdeckte man, dass einige Zeichen sich auf Könige und deren Unternehmungen bezogen. Heute sind etwa 80 % der Hieroglyphen entschlüsselt und man erhielt Einblicke in die Geschichte der Maya.

MAYA-GRABSTEIN *oben*
Nach der Schrift auf diesem Steinrelief ist hier der Herrscher „Schildjaguar" abgebildet. Vor ihm kniet seine Gemahlin Xoc und vollzieht die rituelle Blutentnahme von ihrer Zunge.

Maya-Schriftzeichen

Ägyptische Schrift

Die Schrift kam aus Westasien nach Ägypten, wo sich die eigentliche ägyptische Schrift entwickelte. Die Ägypter verwandten drei Grundformen: Offizielle Inschriften wurden in Hieroglyphen geschrieben, die Priester schrieben hieratische Schrift mit Federn auf Papyrus, im täglichen Leben wurde die einfachere demotische Schrift benutzt.

Mensch   Zwei

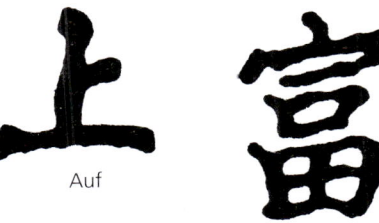

Auf   Reich

CHINESISCHE SCHRIFTZEICHEN *oben*
Die chinesische ist die älteste der heutigen Schriftsprachen. Die Schrift der Shang-Periode (seit 1300 v. Chr., Bronzezeit) zeigt eine erkennbare Verwandtschaft zum modernen Chinesisch. 221 v. Chr. führte der Qin-Staat eine Standardschrift ein, die alle regionalen Varianten ersetzen sollte. Dies ist die immer noch gebräuchliche chinesische Schrift.

SCHREIBEN *oben*
Das komplizierte ägyptische Staatswesen ruhte auf den Schultern ganzer Heere von Schreibern. Sie führten Protokolle, schrieben Geschäftsverträge und verwalteten die Steuern.

HIEROGLYPHEN *links*
Hieroglyphen symbolisieren bestimmte Wortelemente. Sie entstanden um 3000 v. Chr. und wurden im Gegensatz zur Keilschrift zur Geschichtsschreibung, v. a. in Tempeln und Grabmälern verwendet.

PAPYRUS *oben*
Das Gras zur Herstellung der alten Schriftrollen.

Bronzeverarbeitung

Bronze ist eine Legierung aus Kupfer und Zinn. Um 2000 v. Chr. war Bronze ein weitverbreitetes Gebrauchsmetall. Kupfergeräte wurden schon vor dieser Zeit hergestellt, doch meist nur als Zierrat, da sowohl Kupfer als auch Zinn für Werkzeuge und Waffen zu weich sind. Durch die Zugabe von 10 % Zinn zum Kupfer erhielt man eine weitaus härtere Legierung, die zudem noch in verschiedenartigste Formen gegossen werden konnte. Bronzeklingen konnten geschärft oder, wenn sie zu abgenutzt waren, eingeschmolzen und neu gegossen werden. Das alles war sehr vorteilhaft. Die meisten Bronzegegenstände, von Schwertern über Broschen und Messer bis zu Nadeln, stellte man her, indem man das geschmolzene Metall in eine Form goss, in der es dann abkühlte. Flache Gegenstände wie Schilde wurde gehämmert. Steine gibt es überall, aber Kupfererz ist in Europa nicht sehr häufig, Zinnerze sind sogar noch seltener. So führte der Gebrauch der Bronze auch zu gesellschaftlichen Veränderungen. Die Berufe des Schürfers und Bergarbeiters entstanden, ein Fernhandel mit Metallbarren entwickelte sich, Handelszentren entstanden. Die Kontrolle der Handelswege war ein wichtiger Machtfaktor. Große Ansiedlungen mit mächtigen Befestigungsanlagen wurden gebaut, sie beherrschten die Handelsrouten und waren Handwerkszentren.

ERZSCHMELZE

Kupfer- und Zinnerze müssen bergmännisch abgebaut werden. Das Erz wird dann mit Kohle stark erhitzt und man erhält das flüssige Metall, das nach eventuellen weiteren Reinigungsschritten in Barren gegossen wird. Bei der Bronzeherstellung werden Kupfer- und Zinnbarren zusammengeschmolzen. Das Mischprodukt, die Bronze, wird ebenfalls in Barren gegossen, die man dann wiederum schmelzen und in Formen gießen kann.

WERTVOLLES METALL

Mit dem flüssigen Metall musste man beim Gießen vorsichtig umgehen. Mit einem langstieligen Tiegel wurde es in die Formen gegossen. Die für diesen Beruf notwendigen handwerklichen Fertigkeiten, die Vielzahl der erforderlichen Werkzeuge und nicht zuletzt die mühsame Beschaffung der Rohstoffe machten Bronze recht wertvoll. Erworben wurden Bronzegegenstände im Tauschhandel gegen andere Waren.

BRONZEABFÄLLE

Wenn Kupfer- und Zinnerze zusammengeschmolzen werden, setzt sich die entstehende Legierung am Grunde des Schmelztiegels als schüsselförmiger Barren ab. Bei dem linken Bronzebrocken sieht man zum Teil noch die Umrisse der Form.

Lange Klinge zum „Dreihauen"

Ursprüngliche goldene Farbe

STEINFORM
Dies ist eine Hälfte einer zwei-
teiligen Form zum Gießen von
Stecknadeln mit Kugelköpfen.
Die beiden Hälften der Form
wurden aufeinandergelegt
und das flüssige Metall an den
offenen Enden, bei den Nadel-
spitzen, eingefüllt. Die Form
(etwa 1000 v. Chr.) stammt
aus Möringen in der Schweiz.

STECKNADELN
Bronzegießer konnten sehr
fein verzierte Gegenstände
herstellen, wie diese Stecknadeln aus der Schweiz
zeigen. Die unterschiedlichen Muster-
typen auf solchen Nadeln geben den
Archäologen Aufschluss über Herkunft
und Hersteller solcher Gegenstände.

FERTIGE NADEL
Solch eine Nadel
wäre mit der
abgebildeten
Form entstanden.

WIEDERAUFBEREITUNG
Diese Äxte von 750 v. Chr.
sind nicht mehr benutzbar. Sie
könnten zum Rohstofflager
eines Bronzegießers gehört
haben, der sie einschmolz und
neue Dinge daraus formte.

DER AUGENBLICK DER WAHRHEIT
Diese Bronzegießer
stellen Schwerter mit
ähnlichen Griffen wie bei
dem unten abgebildeten
her. Der Mann im Vorder-
grund prüft ein Schwert
auf Fehlerfreiheit. Die
hier benutzte Form besitzt
einen zusätzlichen Gang
zum Einfüllen der flüssigen
Bronze. Nach Auskühlen der
Bronze wurde die Form geöffnet,
das überschüssige Metall entfernt.
Auch die „Nähte", an denen die beiden
Formhälften aufeinanderstießen, wurden
abgeschlagen oder abgeschliffen.

Verzierter Griff

ZWEI SCHWERTER
Das obere dieser beiden nach
dem beschriebenen Verfahren
hergestellten Schwerter stammt
aus Avignon (Frankreich), das
untere aus Dänemark. Das dänische
Schwert wurde poliert und zeigt
die ursprüngliche Goldfärbung, das
französische dagegen zeigt die dumpfe
grünliche Farbe, die Bronzegegenstände
mit der Zeit an der Luft annehmen.

Glanz der Bronze

Werkzeuge und Waffen aus Bronze sind nicht wesentlich schärfer als solche aus Flint. Die Triebkraft für die Entwicklung der Bronzekultur seit etwa 2000 v. Chr. war daher wohl eher die Mode und das Streben nach gesellschaftlichem Ansehen als die Suche nach einem besseren Werkstoff. Neue Bronzegegenstände glänzen golden und können reich verziert werden. Bronze wurde bald ein wertvolles Metall, das geeignet war, Macht und Reichtum einer Person zur Schau zu stellen. Anfangs war vor allem beim Adel Bronzeschmuck ebenso begehrt wie Gebrauchsgegenstände und Waffen aus Bronze, die gleichfalls oft reiche Verzierungen aufwiesen. Ab etwa 750 v. Chr. gewann das härtere Eisen in Europa zunehmend an Bedeutung als Werkstoff für schwerere Waffen und Werkzeuge. Bronze wurde nun noch mehr zu dem Material, aus dem Luxusgegenstände und Schmuck sowie Beschläge für Pferdegeschirre gefertigt wurden.

WAS TUN DIE BEIDEN?
Diese rätselhafte Gravur befindet sich auf einem Bronzegefäß, das in Tirol gefunden wurde.

ANHÄNGER
Dieser gehämmerte Bronzeanhänger wurde wahrscheinlich an einer Kette um den Hals getragen. Eine einfache Bronzekette, wie man sie damals trug, ist auf der gegenüberliegenden Seite abgebildet.

HOCH ZU ROSS
Am Ende der Bronzezeit wurde das Pferd zum gebräuchlichen Reit- und Arbeitstier.

Gewandnadel in natürlicher Größe

Wagenschmuck, gefunden in Norfolk (England)

PINZETTE
Wie heute wurden wohl auch in der Bronzezeit Pinzetten zum Haarezupfen benutzt.

Typisches Schlangenornament

Rasierklingen bestanden aus gehämmerter, mit Mustern gravierter Bronze.

REICHTÜMER DER KELTEN
Die keltischen Ritter der späten Eisenzeit (100 v. Chr.–100 n. Chr.) besaßen mit kunstvollen Metallarbeiten verzierte Streitwagen. Hier wird das Muster durch rote Emaille hervorgehoben.

ZAUMVERZIERUNG
Dieser Teil eines Pferdezaums wurde in Cambridge (England) gefunden.

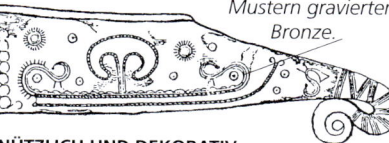

NÜTZLICH UND DEKORATIV
Diese kunstvollen Rasierklingen stammen aus Dänemark. Moorleichen aus der gleichen Gegend waren glatt rasiert, sie hatten zweifellos solche Klingen benutzt.

Gewandnadel aus der Bronzezeit, Modeartikel nach 2000 v. Chr.

Der Verschluss hält durch die Spannung des Rings.

SONNENBLUMENNADELN
Die kunstvoll gearbeiteten blütenartigen Köpfe dieser Anstecknadeln leuchteten am Gewand ihrer Träger wie Sonnen. Die Nadeln lassen sich auf etwa 1200 v. Chr. datieren.

*Blüten-
artiger
Kopf*

ZEICHEN DER MACHT
Der Halsreif, von den römischen Schriftstellern „Torques" genannt, war bei den eisenzeitlichen Kelten ein wichtiges Statussymbol. Krieger trugen ihn als Schutzzauber. Dieses Exemplar aus dem 6. Jh. v. Chr. besteht aus einem einzigen Strang gedrehter Bronze.

UM DIE TAILLE
Diese Schmuckplatte, aus dünnem Bronzeblech gearbeitet, wurde an einem Gürtel um die Taille getragen. Die Verzierungen wurden von der Rückseite in Repoussé-Technik in die Platte gehämmert. Die Platte stammt aus Auvernier in der Schweiz.

Zwischenglied aus zusammengebogenem Blech

SCHWEIZER SCHMUCK
Diese Kette, wahrscheinlich Teil einer Halskette, stammt aus einem bronzezeitlichen Dorf an einem Alpensee.

*Schnittmuster für eine
Frauenjacke, gefunden
in Dänemark*

ARMREIF
Einige der wertvollsten Armreifen der Bronzezeit waren spiralförmig gebogen.

GÜRTELPLATTE
Solche Platten fand man in vielen dänischen Frauengräbern.

BRONZEZEITMODE
Die Frauen der Bronzezeit trugen wahrscheinlich Gewänder wie das hier dargestellte.

Krieger der Bronzezeit

In der Bronzezeit (zwischen 2200 und 700 v. Chr.) kam es, vermutlich aufgrund der zunehmenden Bevölkerungsdichte, vermehrt zu kriegerischen Auseinandersetzungen. Entsprechend gewann alles, was mit Krieg und Kampf zu tun hatte, an Bedeutung. Die Krieger besaßen bei vielen Völkern ein hohes gesellschaftliches Ansehen und aus dieser Zeit stammen die ersten Belege für Zweikämpfe – Mann gegen Mann. Als Waffen dienten Speere zum Angreifen des Feinds aus einiger Entfernung sowie Schwerter und Äxte für den Nahkampf. Die hohe soziale Stellung der bronzezeitlichen Krieger spiegelt sich in ihrem reichen Schmuck, wie Armreifen, kunstvollen Nadeln und Fibeln sowie in der reichen Verzierung ihrer Waffen wider.

ARMREIF
Diese gravierte Armspange (um 1200 v. Chr.) stammt aus Auvernier in der Schweiz.

Nadeln aus der Schweiz um 1000 v. Chr.

NADEL STATT KNOPF
Bevor Knöpfe erfunden wurden, benutzte man solche Nadeln zum Befestigen der Kleidung.

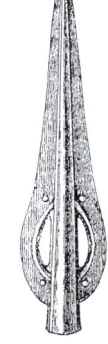

STATUSSYMBOL
Speere waren als Zeichen des Kriegers in der Bronzezeit oft sehr kunstvoll gearbeitet.

TAFELBRONZE
Kleine Messer wie dieses aus der Schweiz wurden wohl eher zum Schneiden der Nahrung als im Kampf benutzt.

ERSTE RITTER
Pferde als Reittiere und Schlagschwerter als Waffen wurden in der Bronzezeit gebräuchlich.

LEICHTER SPEER
Diese kleine Speerspitze aus Amiens in Frankreich gehört zu einem Wurfspieß, der auf Feinde geschleudert wurde.

Muffe für Holzstiel

ZEREMONIENSPEER oben
Zusammen mit dem hölzernen Stiel ergab diese ungarische Bronzespeerspitze mit massivem Stielansatz eine Waffe von über 2 m Länge. Sie wurde wohl eher bei Zeremonien als im Kampf eingesetzt.

STREITAXT
Diese eindrucksvolle Streitaxt aus Ungarn war wohl ebenso sehr ein Schauobjekt wie eine Waffe. Der hölzerne Stiel wurde durch die vertikale Muffe geschoben.

Muffe für den langen Holzstiel

Röhre für den Holzstiel

WERKZEUGAXT
Diese praktisch gestaltete Axt aus dem 2. Jahrtausend v. Chr. wurde in Ungarn gefunden.

BACKENSTÜCK
Dieses Backenstück, ein Teil des Zaumzeugs, mit dem das Gebiss befestigt ist, wurde aus Geweih hergestellt. Es stammt aus Corcelettes am Neuenburger See in der Schweiz.

Loch für Zügel

AUF IN DEN KAMPF
Ein Krieger der Bronzezeit war mit einem Speer und einem Schwert wie dem ganz unten auf der Seite abgebildeten ausgerüstet. Helm, Schild und feste Lederkleidung stellten einen gewissen Schutz vor den Hieben und Stichen des Feinds dar.

FEST AM ZÜGEL
Dieser Zügelring aus der Schweiz wurde an der Wagendeichsel befestigt, alle Zügel wurden durchgezogen. Das erleichterte das Lenken des Wagens.

Ansatz für den Holzstiel

Schwerter waren sehr spitz, obwohl sie in der Regel nicht zum Stechen benutzt wurden.

DIE „BRAUT" DES KRIEGERS
Von der Bronzezeit an war das Schwert lange Zeit die wichtigste Waffe. Dieses dänische Schwert wurde wohl einst in einer Scheide aus Leder oder Holz getragen. Seine Oberfläche glänzte damals noch golden.

Eisenzeitschmuck

Einige der schönsten Schmuckgegenstände der Eisenzeit sind aus Bronze hergestellt, da Eisen nur für schwere Waffen und Werkzeuge verwandt wurde. Im Gegensatz zum Eisen konnte man Bronze in verschiedenartigste Formen gießen und reich verzieren. Einige klassische Schriftsteller schreiben, dass die eisenzeitlichen Kelten Schmuck jeder Art liebten, auch Körperbemalung und kunstvolle Frisuren (S. 34–35). Ein typisches Schmuckstück der freien Kelten war der Halsring, je nach Metall (Gold, Silber oder Bronze) Zeichen des gesellschaftlichen Rangs. Manche Krieger trugen im Kampf nichts außer diesem „Torques", so sehr vertrauten sie auf seine schützende Zauberkraft. Über ihren Hosen und Tuniken trugen Männer wie Frauen wollene Umhänge, die von oft sehr kunstvollen Fibeln (Broschen) zusammengehalten wurden. In Gräbern sind solche Schmuckstücke oft der einzige Hinweis auf die Art der Kleidung, die der oder die Tote getragen hat.

BRILLENFIBEL
Die Form gab diesem Broschentyp den Namen. Diese Fibel von etwa 1000 bis 800 v. Chr. besteht aus einem einzigen gewickelten Bronzedraht. Auf der Rückseite befand sich eine Nadel. Fundort ist Karinthia in Österreich.

Nadel

Feder

SICHERHEITSNADEL
Wie heute Sicherheitsnadeln dienten in frühgeschichtlicher Zeit solche Fibeln zum Befestigen der Kleidung. Diese ungarische Brosche stammt von etwa 50 v. Chr.

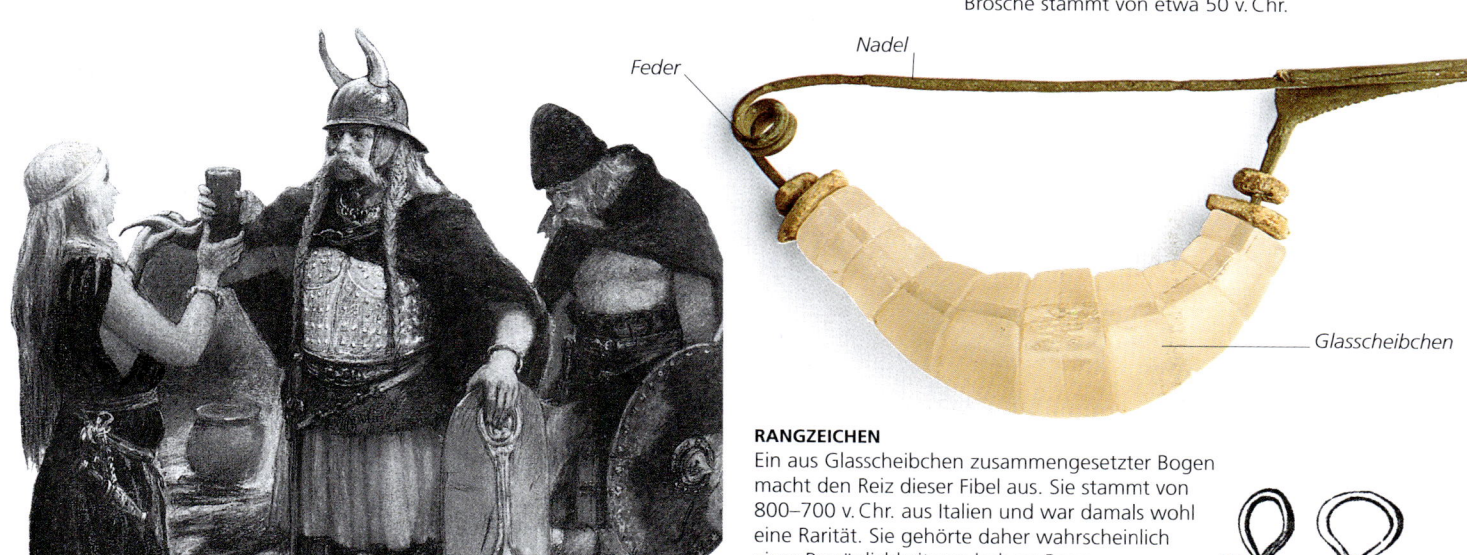

Feder

Nadel

Glasscheibchen

RANGZEICHEN
Ein aus Glasscheibchen zusammengesetzter Bogen macht den Reiz dieser Fibel aus. Sie stammt von 800–700 v. Chr. aus Italien und war damals wohl eine Rarität. Sie gehörte daher wahrscheinlich einer Persönlichkeit von hohem Rang.

HÄUPTLING
In diesem Stich aus dem 19. Jh. hat der Illustrator alles zusammengetragen, was über die Kleidung in der Eisenzeit bekannt war. Der Häuptling trägt einen gehörnten Helm und einen buschigen Schnurrbart (die Zöpfe sind wissenschaftlich nicht belegt!). Sein Umhang wird von einer Brosche zusammengehalten, mit einem glänzenden Brustpanzer ist er für den Kampf gerüstet. Unter seiner kurzen Tunika trägt er Beinkleider, die zum Reiten sehr bequem sind. Die Frau trägt einen kunstvollen Gürtel, von dem ein Dolch herabhängt. Sie reicht dem Häuptling ein Trinkhorn mit Bier, das sie aus dem Eimer im Vordergrund geschöpft hat.

SICHERE VERSCHLÜSSE
Diese beiden nordeuropäischen Broschen sind zwei weitere Beispiele für die vielfältige, kunstvolle Gestaltung von Fibeln.

MUSTER EINER EPOCHE

Dieser Bronzeanhänger mit Emaille-
verzierung stammt aus einem sächsischen
Grab, das etwas später zu datieren ist als
die anderen Gegenstände auf dieser Seite.
Doch die Kreise und Schnörkel seiner
Verzierung zeigen, dass dieser Kunststil
in Europa beibehalten wurde.

FÜR MÄNNER UND FRAUEN

Solche Reifen wurden vielfach am Arm
getragen – wahrscheinlich sowohl von
Männern als auch von Frauen. Bei diesem
Armreif von etwa 50 v. Chr. aus Cambridge
in England trat das Muster im neuen, noch
glänzenden Zustand wohl deutlicher hervor.

GLATT RASIERT

Dieses etwa 2500 Jahre alte
Rasiermesser ist nicht so reich ver-
ziert wie manche Bronzezeitklingen
(S. 44–45), aber von guter Qualität.
Es war wahrscheinlich genauso scharf
wie ein modernes Rasiermesser.
Fundort ist Cambridge.

GUT BESCHLAGEN

Eisenzeitliche Hufeisen ähneln
schon den heute gebräuchlichen.

*Verzierter
Spiegelrücken*

SPIEGLEIN, SPIEGLEIN…

Zu den schönsten Gegenständen, die aus
der Eisenzeit erhalten sind, gehören Spiegel.
Dieser ist mit den typischen Schnörkeln der
keltischen Kunst verziert. Die Abbildung
zeigt die Rückseite des Spiegels. Die Vorder-
seite war hochglanzpoliert, damit man sich
darin sehen konnte. Solche Spiegel besitzen
Seltenheitswert und waren zweifellos nur
den reichsten Familien vorbehalten.

KEILERJAGD

Auf diesem alten
Stich kann man Huf-
eisen sehen, die den heute gebräuchlichen
sehr ähnlich sind. Die Pferde der Jäger tragen
einen kunstvollen Geschirrschmuck. Die großen
Bronzescheiben heißen „Phalerae". In der Eisenzeit jagte man Wildschweine, besonders Keiler,
aus Sport und zum Nahrungserwerb.

Leben in der Eisenzeit

Die ersten guten Eisenwerkzeuge wurden von den Hethitern hergestellt, die im heutigen Anatolien lebten. Sie perfektionierten um 1500 v. Chr. die Techniken der Eisenschmelze und Eisenschmiede. Die Hethiter hüteten die Geheimnisse der Eisenverarbeitung sehr gut, doch nach dem Untergang ihres Reichs verbreitete sich ihr Wissen in ganz Europa, wo um 1100 v. Chr. die Eisenzeit begann. Zu dieser Zeit war Europa relativ dicht besiedelt. Die Menschen lebten in bäuerlichen Dorfgemeinschaften. Die Gesellschaft wurde von einer adligen Kriegerschicht beherrscht (S. 52–53), das Leben der meisten Menschen jedoch bestand aus nie enden wollender, seit Generationen unverändert gebliebener Arbeit auf dem Feld oder dem Hof. Die Großfamilie war noch immer der Kern der Gemeinschaft und auch kleine Kinder hatten ihre Aufgaben bei der täglichen Arbeit. Aus dieser Zeit sind viele Eisengeräte, vor allem Werkzeuge, erhalten, ebenso Tonwaren und Zierrat aus Bronze.

STEMPELMUSTER
Mit Prägestempeln verzierten sächsische Töpfer später ihre Gefäße mit ähnlichen Mustern wie in der Eisenzeit.

Stempel für Kreuzmuster

Stempel für Kreismuster

MOORLEICHEN
Unter Luftabschluss in den europäischen Mooren erhalten gebliebene Leichen erlauben uns Einblicke in das Leben der Eisenzeit. Der Mann von Tollund wurde in Dänemark entdeckt. Er war seit etwa 210 v. Chr. im Moor begraben.

STATUSSYMBOL?
In den letzten hundert Jahren vor der Besetzung durch die Römer waren feine Tonwaren bei reichen Briten sehr beliebt. Solche Becher wurden in großer Zahl vom europäischen Festland eingeführt.

BRONZESCHALE
In der Eisenzeit bestanden viele Kunstgegenstände, Symbole eines hohen sozialen Status, aus Bronze, jenem glänzenden Metall, das gut mit kunstvollen Mustern verziert werden konnte. Bei vielen adligen Familien Nordeuropas war Bronzegeschirr sehr begehrt. Es wurde aus dem Mittelmeerraum eingeführt, dessen Gebräuche als Vorbild dienten.

Dieser kleine verzierte Topf wurde in einem Grab aus der Eisenzeit im heutigen Großbritannien gefunden.

Eingravierte Verzierungen

Die Form entsteht durch Hämmern.

EISENWERKZEUGE
Mit dem Eisen kam ein idealer Werkstoff für robuste Werkzeuge und Waffen nach Europa. Eisenerz war außerdem häufiger als das für die Bronze benötigte Kupfer und Zinn. Allerdings rostet Eisen sehr schnell, sodass die noch erhaltenen Gegenstände in einem schlechteren Zustand sind als Bronzegegenstände aus der gleichen Zeit.

Eisenklinge

Eisenklinge

Gesägte Klinge

MESSER
Bei diesem Messer mit Eisenklinge und einem Griff aus Hirschgewein ist die Klinge schon stark verrostet, der Griff aber aufgrund der günstigen Bodenverhältnisse gut erhalten.

Griff aus Geweih

Geweihgriff

SICHEL
Dieses Gerät zum Kornschneiden besitzt die gleiche Sichelform wie Geräte aus prähistorischer Zeit, die zur Heu- oder Getreideernte benutzt wurden (S. 30–41). Diese Sichel hat einen Geweihgriff.

SÄGE
Mit Holzgriff ähnelt diese Säge aus Eisen durchaus einem modernen Fuchsschwanz.

Löcher zum Anbringen eines Holzgriffs

EISENSCHMIEDE
Dieser alte Stich zeigt eine Schmiedewerkstatt. Ein glühendes Eisenstück wird durch Hämmern geformt. Im Hintergrund wird Eisen in einem Schmelzofen erhitzt.

ZANGE
Eisen wurde bearbeitet, indem man es im rot glühenden Zustand in Form hämmerte. Zum Festhalten benutzte man Zangen wie diese aus Norfolk (England).

51

Eisenhart

LANZENSPITZE
Dieser ungewöhnlich geformte Gegenstand besteht aus Schmiedeeisen.

Von den keltischen Stämmen nördlich der Alpen geben die Berichte der griechischen und römischen Geschichtsschreiber Zeugnis. Sie erzählen von Barbaren, deren Sitten und Gebräuche den Griechen und Römern fremdartig erscheinen mussten. Unter anderem brachten diese Stämme Menschenopfer dar und waren Kopfjäger. Die herrschende Klasse waren Krieger, in deren Heldenkodex vor allem kriegerische Fähigkeiten zählten, aber auch Gedichtsrezitationen, Gesang, Reiten, außerdem Ess- und Trinkgelage. Die Abschreckung der Feinde spielte eine ebenso große Rolle wie der Kampf gegen sie. Darauf lässt das zum Teil furcht-erregende Aussehen der Waffen, Rüstungen und anderer persönlicher Habe schließen.

Menschen-kopf

Diese Illustration aus dem 19. Jh. zeigt einen keltischen Kriegerhäuptling im Kampf.

KOPF IN DER HAND
Der Griff dieses Dolchs (um 100 v. Chr.–100 n. Chr.) hat die Form eines Menschen.

ENGLISCHE WAFFE
Dieser Dolch von etwa 500 v. Chr. wurde in der Themse bei London gefunden.

SCHILLERNDE SCHEIDE
Bei dieser Scheide sind dünne Bronze-blätter zusammen-genietet. Das Futter besteht aus Birken-rinde.

HELM FÜR EINEN HELDEN
Dieser Bronzehelm gehörte einem Krieger von hohem Rang und wurde wahrscheinlich eher zu Repräsentationszwecken als im Kampf getragen.

Viktorianische Darstellung von einem Krieg in der Eisenzeit

Hohles Horn aus genietetem Bronzeblech

Auskleidung aus Eiche

Der Durchmesser des Bierseidels beträgt etwa 17,5 cm.

Ösen zum Befestigen des ledernen Innenhelms

RADKAPPE
Diese Dekoration wurde an der Radnabe eines leichten Streitwagens angebracht, wie sie die britischen Kelten gegen die Römer einsetzten.

EINEN HEBEN
Krieger mussten trinkfest sein, wie dieses 2,3 l fassende Bronzegefäß zeigt. Wahrscheinlich wurde daraus Gerstenbier getrunken.

BRONZENER ZÜGELRING
Er wurde am Joch des Streitwagens befestigt (S. 46).

GEBISS
Das Gebiss wird dem Pferd ins Maul gelegt, sodass man es mit dem Zügel lenken kann. Dieses Exemplar besteht aus einem mit Bronze überzogenen Eisenkern.

EISENSCHWERT *unten*
Zu diesem Schwert (etwa 150 v. Chr.–50 n. Chr.) gehörte eine verzierte Scheide aus Leder oder Holz.

Das Heft war mit Holz, Knochen oder Leder ummantelt.

Chinesische Frühgeschichte

Über Jahrtausende entwickelte sich Chinas Kultur fast ohne Kontakt zur westlichen Welt. Einige Erfindungen wie Landwirtschaft oder Schrift erfolgten unabhängig davon. Den ersten steinzeitlichen Agrargemeinschaften folgten verschiedene Epochen meist geprägt vom Ackerbau, wie Reis- und Hirseanbau. Von einer Hochkultur kann man ab etwa 1600 v. Chr. sprechen, seit der bronzezeitlichen Shang-Dynastie (um 1650–1027). Zu dieser Zeit zerfiel China in verschiedene Einzelreiche, die nach und nach vereinigt wurden. Zwischen 475 und 221 v. Chr. stritten die beiden wichtigsten Staaten, Zhu und Qin, um die Vorherrschaft. Unter der siegreichen Qin- und der späteren Han-Dynastie (207 v. Chr.–220 n. Chr.) gelangte ein Reich mit 60 Millionen Menschen zur Blüte. Die Chinesische Mauer wurde gebaut, die Standardschriftsprache, Recht und Steuern wurden eingeführt.

TÖDLICHE RARITÄT *oben*
Die Hellebarde wird rechtwinklig an einem Holzstiel befestigt, ähnlich einer mittelalterlichen Pike. Diese über 3000 Jahre alte Hellebarde aus weißer Jade wurde sowohl im Kampf als auch bei Zeremonien, besonders bei Opfern, verwendet.

CHINESISCHER ADEL
Diese Männer gehören zum Hofstaat des Kaisers Tscheu-Sin (um 1150 v. Chr.)

RITUELLE HELLEBARDE
Diese Opferhellebarde ist ein gutes Beispiel für die hervorragenden Bronzearbeiten der Shang-Dynastie (um 1650–1027 v. Chr.). Trotz geringer westlicher Einflüsse ist die chinesische Bronzeverarbeitung eine eigenständige Entwicklung. Mit ihren ornamentalen Mustern spielte diese Hellebarde wohl eine wichtige Rolle bei Ritualen, d. h. bei Tier- und Menschenopfern.

STEINWERKZEUGE
Wie in Europa, so mussten auch in China die ersten Bauern Wälder mit Steinäxten roden und den Boden mit steinernen Hackwerkzeugen umgraben. Beide Werkzeugtypen besitzen weltweit ähnliche Formen. In China aber baute man damit verschiedene Getreidesorten an – im Norden Hirse, im Süden Reis.

Steinhacke

Geschliffene Steinaxt aus Shanxi

BRONZEAXT
Mit dieser rituellen Axt wurden Menschenopfer bei Begräbnissen enthauptet. Solche Äxte sind oft reich verziert. Durch die Löcher lässt sich der zugehörige Holzstiel leichter festbinden.

BRONZEHELLEBARDE
Die Hellebarde war die gebräuchlichste Waffe im alten China. Diese eher einfache Ausführung war für den Kampf bestimmt. Wie die anderen hier abgebildeten Bronzehellebarden stammt auch diese aus der Schang-Dynastie (16.–11. Jh. v. Chr.).

Schneide

Schneide

DIE CHINESISCHE MAUER
Ab dem 3. Jh. v. Chr. wurde diese Mauer über eine Strecke von etwa 6250 km entlang Chinas Nordgrenze gebaut. Heere von Arbeitern wurden für den Bau des Grenzwalls zum Schutz gegen die nördlichen Grenzvölker benötigt.

TERRAKOTTAKRIEGER
246–210 v. Chr. arbeiteten über 700 000 Zwangsarbeiter am Grab von Qin Shihuangdi, einem der größten chinesischen Kaiser. Grabwache hielten über 7500 Terrakottakrieger, von denen jeder sich vom anderen unterschied.

Alte Währungen

GOTT DES GELDES
Dieses Relief zeigt die Göttin Demeter und ihren Sohn Pluto, den griechischen Gott der Reichtümer.

Wenn wir an Geld denken, haben wir meist Münzen und Banknoten vor Augen, doch diese Art von Währung war nicht immer und ist auch heute noch nicht überall gebräuchlich. So wurde und wird mit den verschiedenartigsten Dingen bezahlt, von kleinen Schneckengehäusen bis zu großen durchlöcherten Steinen. Die häufigste und einfachste Art des Handels war der Tauschhandel, wo eine Ware gegen eine andere getauscht wurde. In vielen Völkern, die keine Währung besaßen, spielte das Schenken eine große Rolle. Manche wertvollen Gegenstände wurden in regelmäßigen Abständen als Geschenk weitergegeben. Mit großen Zahlungsmitteln wie Lochsteinen oder Vieh wurden wahrscheinlich persönliche Verluste ausgeglichen, etwa wenn jemand getötet wurde oder wenn eine Braut das Elternhaus verließ. Auch als vor 2500 Jahren allgemein gebräuchliche Münzen geprägt wurden, gab es zumindest in solchen Fällen noch andere Zahlungsformen. Die meisten hier abgebildeten Beispiele für Zahlungsmittel stammen aus neuerer Zeit.

CHINESISCHE WÄHRUNG
In China wurde die Münzprägung unabhängig von der westlichen Welt erfunden, allerdings erst später, im 5. Jh. v. Chr. Die ersten Münzen ähnelten kleinen Messern, spätere waren rund.

Geld in Messerform war vor der Herrschaft Qin Shihuangdis in China gebräuchlich.

NUTZGELD
Die Chinesen zahlten nicht nur mit Münzen, sondern auch mit Nahrungsmitteln, besonders mit Reis.

ZAHNGELD
Diese Halskette aus Papua-Neuguinea besteht aus Hundeeckzähnen, die auf ein Lederband gebunden sind. Die Kette hatte die gleiche Aufgabe wie die afrikanische Kette (oben rechts).

GELDBÖRSE
Kaurischnecken wurden seit vorgeschichtlicher Zeit als Zahlungsmittel verwandt. Diese Korbbörse für Kaurischnecken stammt vom zentralafrikanischen Kongo.

Der Stein hat einen Durchmesser von ca. 60 cm. Es gab aber auch 2-m-Geldsteine.

Quarzsteine

SCHMUCKGELD
Diese Halskette ist kein einfaches Schmuckstück. Die Perlen aus gekochten Quarzsteinen wurden auch als Zahlungsmittel verwendet. Die Kette kommt aus Emboni (Ghana).

SPIELGELD
Das Glücksspiel ist so alt wie das Geld, sodass auch Jetons eine lange Tradition haben. Diese fast 2000 Jahre alten, verzierten Porzellan-spielmarken kommen aus Hongkong.

Die Scheibe hat einen Durchmesser von etwa 23 cm.

Kaurischnecken aus Indien

KEIN TASCHENGELD
In den Naya-Bergen, hoch oben im Himalaja, benutzte man solche Metall-scheiben als Zahlungsmittel. Diese ist relativ klein und nur halb so viel wert wie die gebräuchlichere große Scheibe.

MÜHLSTEINGELD
Auf Yap, einer Insel nördlich von Neu-guinea, wurden Kalksteine als Zahlungsmittel benutzt.

DIDRACHME
Griechische Münze aus Ägina mit dem Symbol der Stadt, der Schildkröte

Mittelamerikaner

Die Besiedlung Amerikas erfolgte vor etwa 13 000 Jahren, als Großwildjäger ihrer Beute über die damals vorhandene Gletscherbrücke in der Behringstraße folgten, die Alaska mit Sibirien während der Eiszeit verband. Diese Menschen zogen weiter nach Süden und entwickelten sich ohne Kontakt zur Alten Welt. Um 6000 v. Chr. wurden in Mittelamerika Nutzpflanzen, unter anderem Getreide, angebaut (im heutigen Mexiko, Guatemala, El Salvador und Belize). Langsam entstanden verschiedene Hochkulturen mit bedeutenden Kultstätten mit Tempeln, Palästen und Märkten. Auch rituelle Ballspiele auf speziell dafür angelegten Plätzen fanden statt. Zu den religiösen Riten, die auch hier eine große Rolle spielten, gehörten auch Menschenopfer. Die Bilderschrift mancher Kulturen konnte erst in neuester Zeit entschlüsselt werden. Ihren Höhepunkt erreichten diese Zivilisationen um 300–900 n. Chr., danach gingen sie unter. Es folgten verschiedene Reiche wie das der Azteken, das die Spanier 1519 vorfanden und zerstörten.

PFEIFE
Die Tonpfeife kommt aus Guatemala und soll einen stilisierten Vogel darstellen.

KERAMIK
Diese verzierte Tonscherbe von etwa 500 n. Chr. kommt aus Teotihuacán, der damals größten Stadt Mexikos.

KALENDERSTEIN
Der Kalender spielte eine große Rolle im täglichen Leben der Azteken. Jeder Tag hatte sein gutes oder böses Schicksal, jeder Monat seine eigenen Zeremonien. Es gab zwei verschiedene Jahre mit 260 bzw. 365 Tagen, beide hatten 20-Tage-Monate.

TEMPELRELIEFS
Auf diesem typischen, klassischen Tempelrelief aus dem Tempel von Xochicalco sind Tiere, Menschen, symbolisch verschlungene Schlangen und Götterbilder dargestellt.

STEINKOPF
Dieser Sandsteinkopf aus Seibal (Guatemala), (klassische Zeit, 300–900 n. Chr.) war Teil eines Tempelreliefs.

BESTATTUNGSURNE *rechts*
Im Tal von Oaxaca in Mexiko hatte die Monte-Albán-Kultur zwischen 300 und 900 n. Chr. ihre Blüte. Die Asche der Verstorbenen wurde in solchen Tonurnen bestattet und in Gräbern beigesetzt, die mit Fresken in leuchtenden Farben geschmückt waren. Diese Urne stellt einen sitzenden Gott dar, dessen kunstvoller Kopfschmuck sein Namenssymbol trägt.

Scharfe Spitze

Die Schneide zeigt geschickte Flintbearbeitung.

GRÜNSTEINMASKE
Die früheste mexikanische Zivilisation war die der Olmeken, die in der Golfregion lebten. Die Olmeken sind besonders für ihre Steinskulpturen bekannt. Diese Grünsteinmaske zeigt die Stilrichtung der Zeit von 300 v. Chr. bis 30 n. Chr.

ARCHITEKTUR
Die steilen Pyramidentempel gehören zu den eindrucksvollsten Zeugnissen der frühen mittelamerikanischen Kulturen. Dieser alte Stich zeigt einen solchen Tempel, den man im tiefsten Dschungel bei Tuzapan entdeckte.

MAYAFLINT
Der Zweck dieses Feuersteingeräts der Maya, einer Grabbeigabe, ist unbekannt. Solche seltsamen, komplizierten Gegenstände waren wahrscheinlich wertvoll, da die Herstellung eine große Kunstfertigkeit erforderte.

Nordamerikaner

Seit Kolumbus nennt man in Europa die Ureinwohner Amerikas „Indianer". Dieser gemeinsame Name ist irreführend, denn es handelte sich bei den Menschen in Amerika nicht um Angehörige einer Nation. Die verschiedenen Stämme der Ureinwohner lebten in so unterschiedlichen Gebieten wie der Arktis und den Wüsten des Südwestens und hatten dementsprechend auch sehr unterschiedliche Lebensformen. Die Cree im Norden jagten Moschusochsen und Karibus, die Huronen und Irokesen im Nordosten und die Apachen im Südwesten lebten hauptsächlich vom Ackerbau. Im Nordwesten lebten Fischerstämme. Die meisten der hier abgebildeten Gegenstände stammen von Stämmen aus den Ebenen des Mittelwestens. Bevor die Europäer kamen, trieben manche dieser Stämme auf den fruchtbaren Böden entlang der Flüsse Ackerbau, andere lebten von der Bisonjagd. Zu Reitern wurden die Indianer erst nach der Einbürgerung des Pferds aus Europa. Die großen Bisonherden wurden nun für die Prärieindianer lebenswichtig, sie konnten ihr Fleisch essen, aus ihren Häuten Kleidung und Wigwams fertigen und aus ihren Knochen Werkzeuge herstellen. Die Indianerkriege haben Amerikas Ureinwohner überlebt, doch nur wenige leben noch heute nach ihren alten Traditionen. Die meisten aber sind sehr stolz auf ihre Vorfahren.

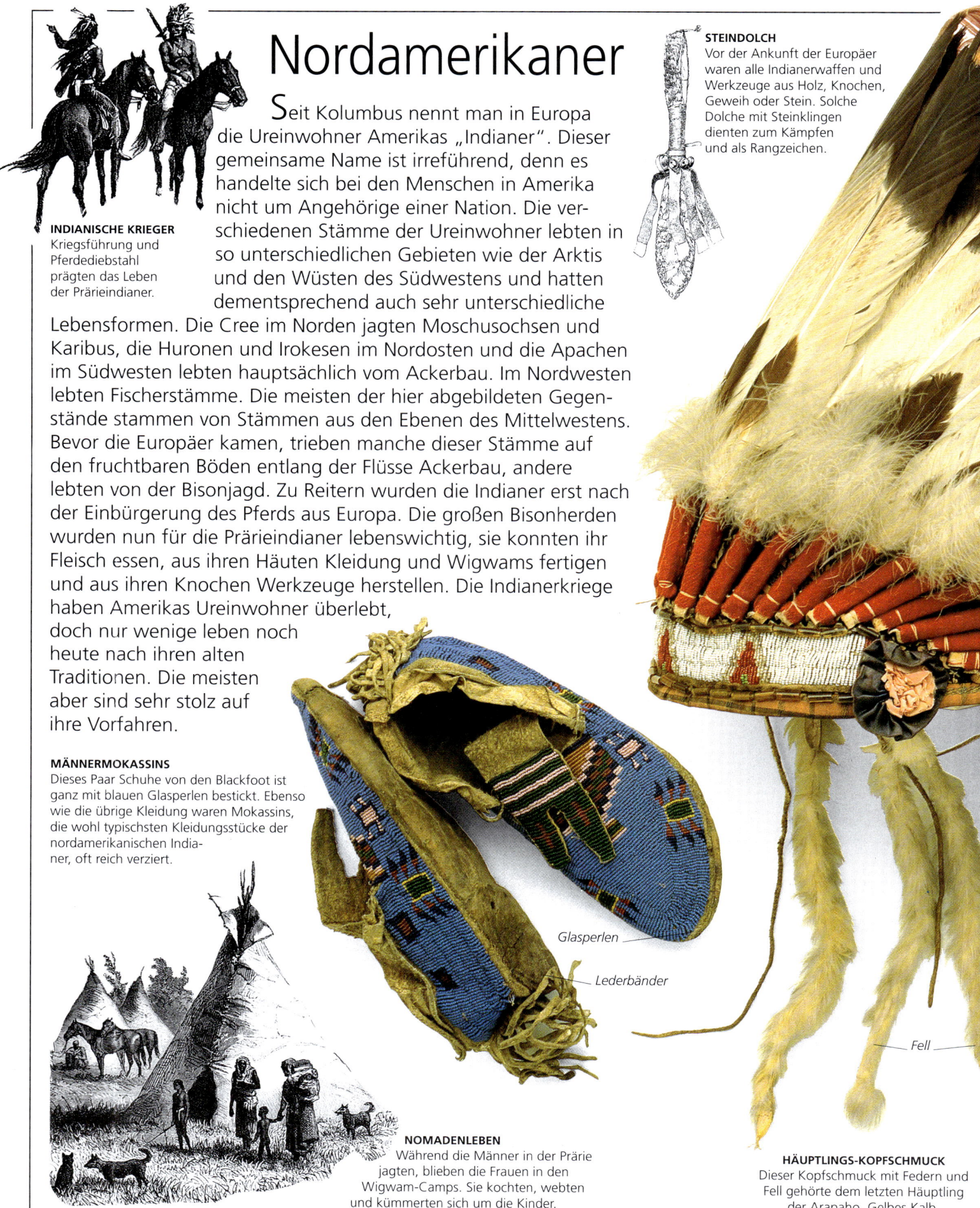

INDIANISCHE KRIEGER
Kriegsführung und Pferdediebstahl prägten das Leben der Prärieindianer.

STEINDOLCH
Vor der Ankunft der Europäer waren alle Indianerwaffen und Werkzeuge aus Holz, Knochen, Geweih oder Stein. Solche Dolche mit Steinklingen dienten zum Kämpfen und als Rangzeichen.

MÄNNERMOKASSINS
Dieses Paar Schuhe von den Blackfoot ist ganz mit blauen Glasperlen bestickt. Ebenso wie die übrige Kleidung waren Mokassins, die wohl typischsten Kleidungsstücke der nordamerikanischen Indianer, oft reich verziert.

Glasperlen

Lederbänder

Fell

NOMADENLEBEN
Während die Männer in der Prärie jagten, blieben die Frauen in den Wigwam-Camps. Sie kochten, webten und kümmerten sich um die Kinder.

HÄUPTLINGS-KOPFSCHMUCK
Dieser Kopfschmuck mit Federn und Fell gehörte dem letzten Häuptling der Arapaho, Gelbes Kalb.

SCHABWERKZEUG
Häute wurden mit Schabwerkzeugen, Metall- bzw. zuvor Feuersteinklingen in einem Knochenschaft bearbeitet.

BEMALTES LEDER
Diese Tierhaut ist mit farbigen Federzeichnungen von Kriegern zu Pferde verziert, die Bogenschützen mit Speeren angreifen. Die Reiter tragen reichen Federschmuck. Dieses Leder ist etwa 2 m lang und gehörte einer Dakota- oder Crow-Sippe.

Pferdehaar

Federn zeigen Jagd- und Kriegserfolge an.

ERDWOHNUNG
Manche Stämme legten tiefe Gruben an und bauten ein Dach darüber. Die Abbildung zeigt solch eine Behausung, eine Mandanen-Erdwohnung, aus dem 19. Jh.

Archäologie

Archäologie ist der einzige Weg zum Studium der ganz frühen Völker, denn schriftliche Zeugnisse liegen nur für einen kleinen Abschnitt der Menschheitsgeschichte vor. Die moderne archäologische Forschung hat nichts mit der Suche nach legendären Reichtümern in versunkenen Städten zu tun, die früher das Bild der Archäologie geprägt hat. Heute arbeiten Archäologen mit den neuesten wissenschaftlichen Methoden, um alte Kulturen zu entdecken, auszugraben und die Funde zu untersuchen. Jede Tonscherbe, jedes Insekt, Pflanzen und Tiere sind dabei wichtige Funde, die wertvolle Informationen über die alte Gesellschaft geben können. Archäologie bedeutet nicht nur Ausgraben. Untersuchungen und Auswertung des gefundenen Materials und seine Vorbereitung zur Publikation nehmen sehr viel Zeit in Anspruch. Nach der Veröffentlichung werden Notizen und Funde in einem Museum ausgestellt oder aufbewahrt.

AUSGRABUNGSSTÄTTE
Im Gegensatz zu Schatzsuchern legen die Archäologen heute bei den Ausgrabungen wie dieser Fundstätte früher Hominiden bei Sterkfontain in Südafrika auf ein genaues Protokoll aller Funde in vertikaler und horizontaler Anordnung Wert.

MASSSTÄBE
Fotografische Protokolle sind wichtige Hilfsmittel bei Ausgrabungen. Die Maßstäbe dienen zum Einschätzen der Größe von fotografierten Gegenständen.

DAS WERK VON TAUSENDEN
Giovanni Belzoni war einer der Ersten, die ägyptische Altertümer in den Westen brachten. Als rücksichtsloser Schatzsucher zerstörte er dabei interessantes Material.

Kelle

Kleine massive Grabfläche aus Stahl

Farbpinsel

Zahnbürste

Baumwollhandschuhe

REINIGEN
Die Fundgegenstände werden an Ort und Stelle mit den verschiedensten Pinseln und Bürsten gereinigt.

Maßstäbe

KELLE UND HANDSCHUHE
Die Kelle ist das wichtigste Werkzeug für Ausgrabungen. Handschuhe dienen zum Umgang mit zarten Gegenständen.

Die einzelnen Nadeln zeichnen die Form des Gegenstands nach.

KARTEIKARTEN
Sie dienen zum Registrieren aller Funde.

Tonscherbe

COMPUTERAUSDRUCK
Die meisten Ausgrabungen liefern eine solche Datenfülle, dass man sie am besten mit Computern auswerten kann.

Zeichenstifte

GRÖSSE UND FORM
Ein wichtiger Teil der Auswertung besteht im Festhalten und Datieren von Funden wie dieser Scherbe eines Tonkrugs. Eine Profillehre hilft beim Nachzeichnen von Gegenständen mit rundlichen oder unregelmäßigen Formen.

GREIFZIRKEL
Diese Messlehre benötigt man für Funde mit schwer nachmessbaren Formen und Dicken.

Etiketten zum Protokollieren der Fundumstände

Farbstifte

EINTÜTEN EINES FUNDS
Die Fundgegenstände werden einzeln in Plastikbeuteln aufbewahrt. Auf den Etiketten sind die genauen Fundumstände protokolliert.

LAGEPLAN
Jeder Fund wird an Ort und Stelle in einen Lageplan eingetragen. Nach Beendigung der Ausgrabungsarbeiten werden diese Pläne für die Veröffentlichung mit Tusche nachgezeichnet und mit Farbmarkierungen versehen.

ENTDECKER TROJAS
Heinrich Schliemann (1822–1890) suchte nach Beweisen dafür, dass das Troja der Sagen Homers einen realen Hintergrund hatte. Er fand sie, allerdings grub er zuerst durch die entsprechenden Schichten hindurch und entdeckte die Reste noch älterer Städte.

AUSMESSEN
Genaues Ausmessen ist in der Archäologie sehr wichtig. Hier misst ein Anthropologe den Schädel eines frühen Hominiden, des *Australopithecus boisei*, aus. Die kleinsten Unterschiede in der Schädelform können Aufschluss über eine Stellung im Evolutionsprozess geben.

MASSBAND
Das Bandmaß ist eines der vielen Messgeräte, die moderne Archäologen verwenden.

Wusstest du das?

Jungsteinzeitliche Häuserruinen (Skara Brae)

Die Megalith-Anlage von Nabta-Playa wurde vor Kurzem in der ägyptischen Sahara entdeckt. Der Steinkreis ist nach den Sternen ausgerichtet, aber sein genauer Zweck ist unbekannt. Er entstand zwischen 4500 und 4000 v. Chr. und ist damit 1000 Jahre älter als der Steinkreis von Stonehenge (England).

Tschechische Anthropologen fanden auf 25 000 Jahre alten Tonscherben Abdrücke von Frauenkleidern. Frauen webten wohl schon damals Stoffe aus Pflanzenfasern, anstatt sich in Felle und Leder zu hüllen. Fachleute glauben, dass sie Röcke mit Gürtel trugen und sich breite Stoffbänder um den Oberkörper wickelten.

Die Maya tranken bereits vor 2600 Jahren heiße Schokolade. Wissenschaftler fanden in Colha (Belize) Kakaoreste in einer Kanne mit Ausgusstülle. Die Maya würzten ihren Kakao mit außergewöhnlichen Geschmackszutaten wie Mais, Honig und sogar Chilischoten.

In Südafrika wurden im Jahr 2000 die Überreste zweier Hominiden entdeckt. Kiefer und Schädel gehören zu einem männlichen und einem weiblichen *Australopithecus robustus*, die vor 1,5–2 Mio. Jahren lebten. Da die Fossilien so nahe beieinander lagen, als ob sie sich küssten, nannte man sie Orpheus und Eurydike – nach dem Liebespaar aus der griechischen Sage.

1998 wurden nördlich von Lissabon bei Leiria (Portugal) die Überreste eines Jungen gefunden, der Merkmale von Neandertalern und Cro-Magnon-Menschen in sich vereint. Das 24 500 Jahre alte Skelett ist der erste Beweis dafür, dass diese beiden Arten sich vermischten. Das bedeutet, dass wohl auch die heutigen Europäer noch Erbgut der Neandertaler in sich tragen.

Ein Zeitraum in der Steinzeit wird als Acheuléen bezeichnet – nach dem nordfranzösischen Dorf Saint-Acheul, wo der Amateur-Archäologe Jacques Boucher de Perthes um 1830 Faustkeile und andere Werkzeuge entdeckte. Damals war der Gedanke, dass es in der Steinzeit so etwas wie Zivilisation gegeben haben könnte, völlig abwegig. Er verstieß außerdem gegen die Lehre der Kirche.

Megalith-Anlage Nabta-Playa (Ägypten)

Die Cro-Magnon-Menschen sind nach einer Höhle in der Dordogne (Frankreich) benannt. Um 1860 fand der Geologe Louis Lartet dort Skelette prähistorischer Menschen, die zwischen 10 000 und 35 000 Jahre alt waren und zu *Homo sapiens* gehörten.

Bis vor Kurzem gingen die Forscher davon aus, dass *Homo erectus* vor rund 200 000 Jahren ausstarb. Heutige Fossilienfunde legen jedoch nahe, dass *Homo erectus* auf der Insel Java bis vor 50 000 Jahren überlebte und diese Art somit doch gleichzeitig mit *Homo sapiens* gelebt haben könnte.

Ein 7000 Jahre altes fossiles Skelett eines Mannes bei Ensisheim im Elsass (Frankreich) zeigt Hinweise auf die erste bekannte Schädelöffnung (Trepanation). Der Schädel weist zwei Löcher auf, von denen eines vollständig verheilt ist. Das zweite – 57 cm² groß – verheilte dagegen nur teilweise.

Skara Brae ist eine jungsteinzeitliche Siedlung auf der größten Orkney-Insel Mainland (Schottland). 4350 Jahre lang lag sie unter Sand begraben, bis ein Sturm sie im Jahr 1851 freilegte. Selbst die Möbel bestehen aus Steinplatten, da auf Orkney von jeher kaum Bäume wachsen.

Es steht noch nicht fest, wann genau der Hund der beste Freund des Menschen wurde. Wilde Wölfe hielten sich wohl schon vor 15 000 Jahren bei menschlichen Siedlungen auf. Mit der Zeit wurden sie kleiner und zutraulicher. Sie bewachten die Siedlungen und halfen bei der Jagd. Dafür erhielten sie die Reste der Nahrung.

Wolf

Rekordverdächtig

DIE ÄLTESTEN SPEERE
Die ältesten Jagdwaffen wurden 1997 bei Schöningen (Deutschland) gefunden. Die vier Speere sind 400 000 Jahre alt.

DER ÄLTESTE WERKZEUGNUTZER
Bei Hadar (Äthiopien) wurde 1994 neben einigen Steinwerkzeugen der Unterkiefer eines Frühmenschen aus der Zeit vor 2,33 Mio. Jahren gefunden.

DAS ÄLTESTE MUSIKINSTRUMENT
1995 wurde in einer Höhle bei Idria (Slowenien) eine aus Bärenknochen geschnitzte Flöte von Neandertalern gefunden. Sie ist 45 000 Jahre alt und spielt vier Töne.

DIE HÖCHSTEN GRABHÜGEL
Der Sudbury Hill (England) ist 40 m hoch und bedeckt eine Fläche von 2 ha.

DIE ÄLTESTEN TÄTOWIERUNGEN
Die 5300 Jahre alte, in einem Alpengletscher eingefrorene Mumie „Ötzi" weist am Körper verteilt 57 Tätowierungen auf.

Fragen und Antworten

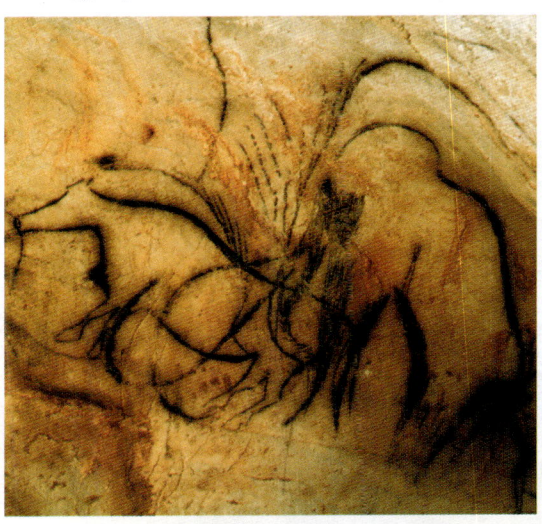

Statue auf der Osterinsel

F Wo gibt es die meisten prähistorischen Statuen?

A Die Pazifikinsel Rapa Nui, auch Osterinsel genannt, ist berühmt für ihre vielen Hundert Statuen, die Moai. Die riesigen menschlichen Figuren stehen auf Plattformen, den Ahu. Sie wurden zwischen 1000 und 1500 n. Chr. aus Stein gehauen. Forscher glauben, dass mindestens 800 solcher Statuen angefertigt wurden und dass sie wahrscheinlich göttliche Ahnen darstellen. Im Steinbruch der Insel, Rano Raraku, stehen und liegen noch die Überreste von 400 Statuen. Eine unvollendete Statue ist über 20 m lang und hätte 279 t gewogen. Sie wurde El Gigante getauft. Über die Kultur, die diese Statuen hervorgebracht hat, weiß man nur, dass die Insel um 400 n. Chr. von einer Handvoll polynesischer Seefahrer besiedelt worden war. Als die Insel im 18. Jh. von europäischen Seefahrern entdeckt wurde, war sie nur noch spärlich bevölkert.

F Wer war der Mann aus dem Eis?

A Die wohl berühmteste Eismumie der Welt heißt „Ötzi". Mit rund 5300 Jahren ist sie auch eine der ältesten. Der Körper des etwa 40-jährigen Steinzeitmanns wurde 1991 an der österreichisch-italienischen Grenze von zwei deutscher Bergsteigern entdeckt. Neben dem gefrorenen Körper lagen auch über 40 Gegenstände, die er bei sich trug, darunter eine kupferne Axt, ein Feuersteindolch, ein Bogen, Pfeile und ein Köcher. Manche Eismumien weisen Anzeichen dafür auf, dass sie durch eine Opferzeremonie starben, doch „Ötzi" nicht. Er war wohl im Hochgebirge von einem plötzlichen Schneesturm überrascht worden und erfror oder verhungerte. Dank des Eises blieb sogar seine Kleidung wunderbar erhalten. Er trug einen Umhang aus Gras sowie Schneeschuhe mit dicken Sohlen aus Bärenfell. Sein Körper ist an den von Arthritis befallenen, geschwollenen Gelenken mit zahlreichen Tätowierungen bedeckt. Möglicherweise sollten sie auf magische Weise die Schmerzen heilen.

Der Körper von „Ötzi", dem Eismann, wird sehr genau untersucht.

F Welches ist das älteste Fossil eines Hominiden?

A Der französische Paläontologe Michel Brunet gab 2002 bekannt, er habe Knochen unseres ältesten Vorfahren entdeckt: eines 7 Mio. Jahre alten Hominiden, dem er den Namen „Toumai" gab. Sie stammen aus der Djurab-Wüste im Tschad (Afrika). Viele Forscher halten „Toumai" jedoch eher für einen Affen, da es keinen Hinweis gibt, dass er aufrecht ging. Die frühesten eindeutigen Hinweise auf Hominiden wurden zwischen 1997 und 2001 in Äthiopien entdeckt. Hier fand man mehrere Knochen von *Ardipithecus ramidus*, einem Hominiden, der vor 5,8–5,2 Mio. Jahren lebte.

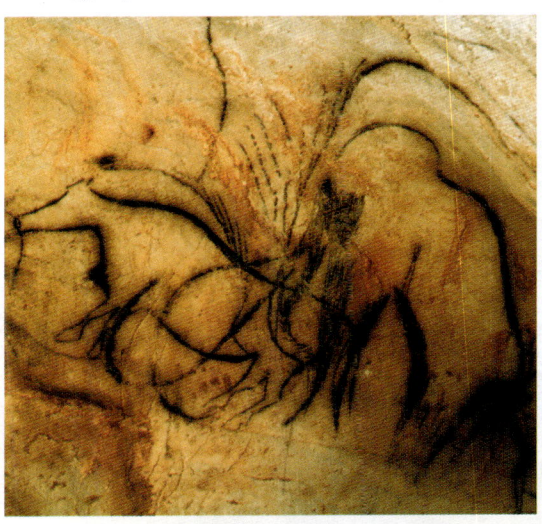

Steinzeitliche Felsmalereien in einer Höhle in Frankreich

F Wo befinden sich die ältesten Höhlenmalereien der Welt?

A Die ältesten Malereien der Welt wurden 1994 in Südfrankreich in der Chauvet-Höhle entdeckt. Drei Forscher fanden sie in einem Netz von Höhlen in den Klippen. Die Malereien entstanden vor rund 31 000 Jahren und damit früher als alle anderen bisher bekannten Malereien. Sie zeigen Hunderte von Gestalten, darunter 47 Nashörner, 36 Löwen und einige Bären. Möglicherweise haben sie eine religiöse Bedeutung und stellen bedeutende Mythen dar.

Schädel von „Toumai", gefunden 2002

F Lebten die Neandertaler im Neandertal?

A Nicht nur, sie lebten in den baumlosen Steppen Europas und Asiens. Aber im Neandertal bei Düsseldorf fand man 1856 erste fossile Überreste dieser Urzeitmenschen – daher haben sie diesen Namen erhalten. Noch immer werden dort spektakuläre Funde gemacht.

F Konnten die Neandertaler sprechen?

A Die Forscher sind sich in dieser Frage nicht einig. Manche meinen, am Schädel Hinweise auf Muskeln zu erkennen, die die Zunge genau genug bewegten. Demnach hätten die Neandertaler sprechen können, wahrscheinlich mit sehr tiefer Stimme. Manche glauben, Sprache war für die Neandertaler notwendig, um das Wissen über die Werkzeugherstellung weiterzugeben. Andere halten dagegen, dass das Fehlen einer Sprache genau der entscheidende Nachteil der Neandertaler gegenüber den modernen Menschen war, die sich damals zu entwickeln begannen.

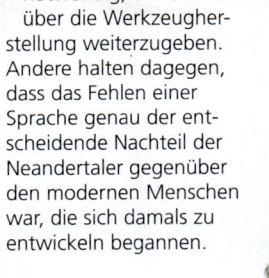

Berühmte Vorfahren

Laufend werden neue Fossilien entdeckt, die das Wissen über die frühen Hominiden erweitern. Jeder Fund, ob *Australopithecus* oder *Homo*, hilft den Forschern, eine genauere Vorstellung von der Entwicklung unserer Vorfahren zu gewinnen.

AUSTRALOPITHECUS AFRICANUS
Vor 3,0–2,0 Mio. Jahren

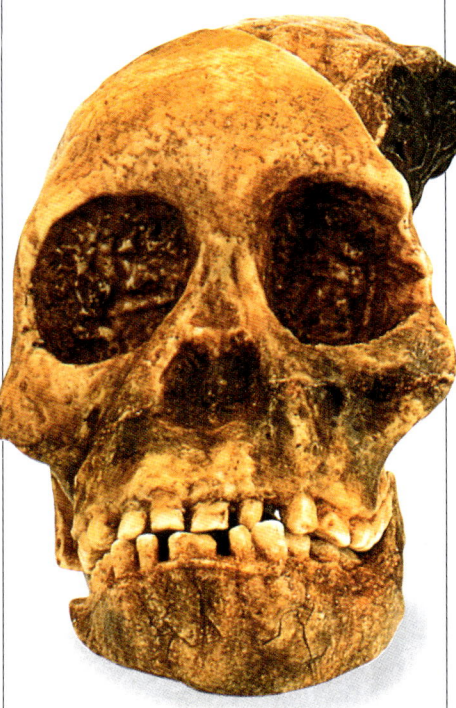

AUSTRALOPITHECUS AFARENSIS
Vor 3,8–3,3 Mio. Jahren

AUSTRALOPITHECUS BOISEI
Vor 2,3–1,2 Mio. Jahren

ROBUSTE VEGETARIER
Im Gegensatz zu *A. afarensis* gehörte *A. boisei* zu den „robusten" Australopithecinen mit dickerem Schädel und größeren Zähnen. Mit den breiten Backenzähnen zermahlte *Australopithecus boisei* wohl seine pflanzliche Nahrung.

DAS „KIND VON TAUNG"
Australopithecus africanus war ähnlich groß und gebaut wie „Lucy". Unser Wissen beruht v. a. auf einem Kinderschädel (oben), der bei Taung (Südafrika) gefunden wurde. Löcher deuten darauf hin, dass das Kind von einem Adler getötet wurde.

LUCYS FAMILIE
Unser Wissen über *Australopithecus afarensis* beruht v. a. auf dem Skelett „Lucy", das bei Hadar (Äthiopien) gefunden wurde. Die Art war zwar viel kleiner als moderne Menschen (rund 1 m groß), aber Hüften und Gliedmaßen deuten auf einen aufrechten Gang hin.

HOMO SAPIENS
Vor 0,1 Mio. Jahren–heute

CRO-MAGNON-JÄGER
Die Ursprünge des modernen Menschen, *Homo sapiens*, liegen in Afrika. Die Cro-Magnon-Menschen waren eine europäische Gruppe. Sie waren zierlicher als die Neandertaler, benutzten Werkzeug, trugen aufwendige Kleidung und bemalten die Felswände der Höhlen, in denen sie Schutz suchten.

HOMO NEANDERTHALENSIS
Vor 120 000–30 000 Jahren

EIN GROSSES GEHIRN
Neandertaler waren zwar kleiner als der moderne Mensch – erwachsene Männer erreichten etwa 1,70 m –, aber sie besaßen ein größeres Gehirn. Ihre untersetzten Körper waren gut an die eiszeitliche Umgebung angepasst. Möglicherweise trugen sie auch schon Kleidung.

HOMO ERECTUS
Vor 1,6–0,2 Mio. Jahren

JENSEITS VON AFRIKA
Homo erectus (der „aufrechte Mensch") lebte bereits vor 1,6 Mio. Jahren im Fernen Osten. Fossilien auf der abgelegenen südostasiatischen Insel Flores weisen darauf hin, dass *Homo erectus* Boote baute und über das Meer fuhr.

HOMO ERGASTER
Vor 1,9–1,2 Mio. Jahren

STEPPENJÄGER
Der bekannteste *H. ergaster* („Handwerker") ist wohl das Skelett des „Jungen von Turkana" aus Kenia. *Homo ergaster* lebte in der Savanne, war ein flinker Jäger und tötete seine Beutetiere mit einfachen Steinwerkzeugen.

HOMO HABILIS
Vor 2,4–1,5 Mio. Jahren

DER „GESCHICKTE MENSCH"
Diese frühe Gattung des *Homo* verwendete Steinwerkzeuge und beherrschte womöglich gar bereits eine primitive Sprache. Sie wurden rund 1,5 m groß und besaßen ein größeres Gehirn als *Australopithecus*. Trotzdem sahen sie noch recht affenähnlich aus.

Neugierig geworden?

Hütte, aus original Steinen wiederaufgebaut

Es gibt viele Möglichkeiten, mehr über unsere ältesten Vorfahren zu erfahren, vor allem in Büchern, aber auch im Internet. Im Fernsehen laufen oft Dokumentationen über Ausgrabungen, über die Vor- und Frühgeschichte und über frühe Kulturen. Selbstverständlich sind auch in Museen zahlreiche interessante Dinge ausgestellt, von echten oder nachgebildeten Schädeln und Knochen bis hin zu Kleidungsstücken, Werkzeugen und Kunstgegenständen. In manchen Gegenden stehen die Anzeichen früher Kulturen sogar mitten in der Landschaft – in Form von Grabhügeln oder riesigen Steinmonumenten.

Tierhaut

HÜTTEN AUS DER EISENZEIT (PORTUGAL)
Wenn du mal in den Norden Portugals reist, kannst du die Citania de Briteiros besuchen, eine keltische Siedlung nahe der Stadt Braga. Hier stehen die Ruinen von über 150 Steinhütten, einige wurden sogar wiederaufgebaut. Früher war die Gegend fest in keltischer Hand. Die alte Stadt war noch bewohnt, als Portugal ins Römische Reich eingegliedert wurde.

FRED UND BARNEY
Der Film *Familie Feuerstein* (1994) nach der beliebten Zeichentrickserie zeigte die Steinzeit von ihrer lustigen Seite. Filme wie dieser sagen natürlich mehr über die moderne Zeit und unsere Technologien aus als über die Vergangenheit, aber das ändert nichts daran, dass sie sehr unterhaltsam sind.

INTERNETADRESSEN

- Die Werkzeuge der Steinzeitmenschen.
  www.landschaftsmuseum.de/seiten/Lexikon/Geraete.htm
- 4 Mio. Jahre Menschheitsgeschichte auf einen Blick.
  www.wdr.de/tv/quarks/sendungsbeitraege/2006/0718/008_neandertaler_noflash.jsp
- Erfahre mehr über die Himmelsscheibe von Nebra.
  http://www.lda-lsa.de/himmelsscheibe_von_nebra/
- Ein Film erzählt dir, wie Archäologen Funde auswerten.
  www.planet-wissen.de/politik_geschichte/archaeologie/methoden_der_archaeologie/index.jsp

MENHIRE IN CARNAC (FRANKREICH)
Bei Carnac in der Bretagne gibt es über 3000 uralte kreisförmige und gerade Monumente aus riesigen Steinen, den Menhiren. Sie wurden vor 6000 Jahren von Steinzeitmenschen aufgestellt. Zwar sind viele von ihnen inzwischen umgefallen, doch um 1930 wurde eine Initiative gegründet, um die Steine originalgetreu aufzurichten.

Diese Menhire bestehen aus Granit.

ANSICHT AUS DER LUFT
Aus der Luft erkennt man die Umrisse der alten Hügelfestung Old Sarum bei Salisbury (England) am besten. Der äußere Verteidigungswall stammt wahrscheinlich aus der Bronzezeit um 1000 v. Chr. In der Eisenzeit wurde dann der innere Wall erbaut. Später übernahmen die Römer die Siedlung. Auch die Sachsen, Dänen und Normannen nutzten sie noch.

In der sibirischen Tundra blieb das Mammutfleisch erhalten

MAMMUT
Von Funden in der Ukraine wissen wir, dass *Homo sapiens* manchmal Mammutknochen als Stützrahmen für Zelte aus Tierhaut nutzte. Das oben gezeigte Foto dokumentiert die erste Entdeckung eines vollständigen Mammuts. Der 44 000 Jahre alte Körper wurde 1900 am Ufer des sibirischen Flusses Beresowka gefunden. Heute ist das Skelett im Museum des Zoologischen Instituts in St. Petersburg (Russland) ausgestellt.

Verzierung aus rotem, undurchsichtigem Glas

DER BATTERSEA-SCHILD
Dieser Schild aus der Eisenzeit, der in der Themse gefunden wurde, ist im Britischen Museum in London ausgestellt. Er wurde zwischen 300 und 50 v. Chr. angefertigt und besteht nur aus einem dünnen Bronzeblech von 78 cm Länge. Da er im Kampf kaum Schutz geboten hätte, diente er wohl zeremoniellen Zwecken. Möglicherweise wurde er als Opfer für die Götter in die Themse geworfen.

Keltische Motive: Kreise, Spiralen und S-Formen

Besuche doch mal …

NEANDERTHAL-MUSEUM IM NEANDERTAL (NORDRHEIN-WESTFALEN)
Das Museum liegt am ursprünglichen Fundort des Neandertalers und behandelt die Ur- und Frühgeschichte des Menschen sowie die nach dem Fundort benannten Neandertaler. Der Neubau bietet Audioführungen durch die Ausstellung sowie Filme und Lesetexte. Der einige Hundert Meter entfernte Altbau wurde zu einer Werkstatt umgebaut, in der die Besucher steinzeitliche Arbeitstechniken kennenlernen können.

NATURHISTORISCHES MUSEUM (WIEN)
Die Anthropologische Abteilung beherbergt eine der bedeutendsten Sammlungen von Skelettfunden und Rekonstruktionen in Europa. In der Prähistorischen Abteilung gibt es kunsthandwerkliche Gegenstände und Werkzeuge zu besichtigen, darunter die berühmte „Venus" von Willendorf.

SÜDTIROLER ARCHÄOLOGIEMUSEUM (BOZEN, ITALIEN)
Das Museum beherbergt Ausstellungen zur Entwicklung der Südtiroler Bevölkerung von der Altsteinzeit um 15 000 v. Chr. bis ins Mittelalter um 800 n. Chr. „Star" des Museums ist „Ötzi", der „Mann aus dem Eis". Doch es gibt auch umfangreiche Sammlungen aus der Steinzeit, der Bronze- und Eisenzeit, der Römer- und der Karolingerzeit.

AMERICAN MUSEUM OF NATURAL HISTORY (NEW YORK)
Zu sehen sind lebensgroße Dioramen von *Australopithecus afarensis*, *Homo ergaster*, Neandertalern und Cro-Magnon-Menschen. Außerdem gibt es Nachbildungen eiszeitlicher Kunst aus der Dordogne und Abgüsse von „Lucy" und dem „Jungen von Turkana" in Originalgröße.

BRITISCHES MUSEUM (LONDON)
Das Britische Museum ist eines der berühmtesten Museen der Welt. Es widmet den Frühmenschen und -kulturen viele Räume mit Tongefäßen, wertvollen Grabbeigaben und alten Waffen. Vor Kurzem wurde eine neue Galerie mit prähistorischen Fundstücken eröffnet.

Glossar

Axt

AHLE Ein spitzes Werkzeug, mit dem Löcher gebohrt wurden.

ALTSTEINZEIT (PALÄOLITHIKUM) Die Altsteinzeit begann vor rund 2 Mio. Jahren, als die Menschen lernten, einfache Steinwerkzeuge zu benutzen. Sie dauerte etwa bis zur letzten Eiszeit.

ANTHROPOLOGE Ein Forscher, der Menschen und ihre Lebensweisen untersucht.

ARCHÄOLOGIE Die Erforschung von Gegenständen, die früher von Menschen hergestellt wurden. Oft müssen diese Gegenstände zuerst ausgegraben werden.

ART (SPEZIES) Eine Gruppe von Pflanzen oder Tieren mit gemeinsamen Merkmalen, die sich untereinander vermehren können. *Afarensis* und *africanus* sind z. B. zwei Arten der Gattung *Australopithecus*.

AUSSTERBEN Das Verschwinden von Tier- und Pflanzenarten, entweder weil sich ihr Lebensraum zu schnell verändert oder weil sie zu stark verfolgt oder gejagt werden.

AUSTRALOPITHECUS Eine ausgestorbene menschenähnliche Gattung. Aus Fossilienfunden lässt sich schließen, dass es sie vor 1–6 Mio. Jahren nur in Afrika gab.

BREITBEIL Ein Schneidewerkzeug zum Zerhacken von Holz, bei dem die Schneide im rechten Winkel zum Griff angebracht ist.

BRONZEZEIT Die prähistorische Zeit nach der Steinzeit, als die Menschen Werkzeuge und Waffen aus Bronze herstellten. In Europa dauerte sie etwa von 2200–800 v. Chr.

CRO-MAGNON Die Bezeichnung für eine frühe Gruppe des *Homo sapiens*, die in der Steinzeit in Europa lebte und bemerkenswerte Höhlenmalereien schuf.

DEMOTISCH Die weitverbreitete, kursive Schrift im alten Ägypten.

DOLMEN Ein prähistorisches Steinmonument: Aufgerichtete Steine tragen einen quer darübergelegten, flachen Stein.

DREHMÜHLE Eine Mühle aus Stein, in der Getreidekörner zerrieben wurden.

EISENZEIT Die prähistorische Zeit nach der Bronzezeit, in der die Menschen Werkzeug und Waffen aus Eisen benutzten. In Europa begann sie etwa um 800 v. Chr.

EISZEIT Die Epoche des Pleistozän, die vor 2 Mio. Jahren begann und vor 15000 Jahren endete. Auch: Eine der Kälteperioden während dieses Zeitraums, als sich Gletscher über weite Teile der Erde ausbreiteten.

ERZ Gestein, aus dem Metalle gewonnen werden.

ETHNOGRAFIE Die Wissenschaft von den verschiedenen menschlichen Völkern und Kulturen.

EVOLUTION Die fortschreitende Entwicklung und Veränderung der Tier- und Pflanzenarten.

FEUERQUIRL Ein primitives Werkzeug aus einem Stock und einem Holzbrett zum Entzünden von Feuer. Der Stock wird schnell gedreht, um Reibungswärme und Funken zu erzeugen.

FEUERSTEIN Ein Stein, von dem man Teile abschlagen kann, um scharfe Kanten zu erzeugen. In der Steinzeit wurden daraus einfache Werkzeuge hergestellt.

FOSSILIEN Auf natürliche Weise erhalten gebliebene Überreste von Tieren, Pflanzen oder deren Abdrücken.

GEOLOGIE Die Wissenschaft von den Gesteinen.

HELLEBARDE Eine Waffe, ähnlich einer Axt mit langem Stiel.

Ägyptische Hieroglyphen

HIERATISCH Eine vereinfachte Form der Hieroglyphenschrift im alten Ägypten.

HIEROGLYPHEN Eine Bilderschrift, die im alten Ägypten verwendet wurde.

HOMINIDEN Mitglieder der Familie der Hominidae, zu der neben den modernen Menschen auch unsere Vorfahren gehören (z. B. *Homo neanderthalensis* oder *Australopithecus*).

JÄGER UND SAMMLER Menschen, die Tiere jagen und wilde Pflanzen sammeln, um sich zu ernähren.

Dolmen bei Comenda (Portugal)

JUNGSTEINZEIT (NEOLITHIKUM)
Die Neusteinzeit begann während der letzten Eiszeit. Die Menschen benutzten bereits feinere Steinwerkzeuge, erbauten Steinhäuser und fertigten erste Tongefäße.

KAJAK Ein mit Robbenhaut überzogenes Kanu der Inuit.

KEILSCHRIFT Die erste bekannte Schrift, erfunden von den Sumerern um 8000 v. Chr.

KELTEN Ein Bauernvolk in der Eisenzeit, das in Nordeuropa beheimatet war.

Megalithe bei Carnac (Frankreich)

KLIMA Die durchschnittlichen Witterungsbedingungen in einem bestimmten Gebiet.

KULTIVIERUNG Das Aussäen und Anbauen von Pflanzen.

KULTUR Eine sesshafte Gesellschaft, die eine Schrift, den Handel, eine Religion, Architektur und eine Form der Regierung entwickelt hat.

MEGALITH Ein prähistorisches Monument aus einem oder mehreren riesigen Steinen.

MUMIFIZIERUNG Das Haltbarmachen einer Leche, sodass sie nicht verwest.

Große Pyramide von Giseh (Ägypten)

NEANDERTALER Ein ausgestorbener Hominide der Art *Homo neanderthalensis*, der vor 120 000–30 000 Jahren in Europa und dem Nahen Osten beheimatet war. Er ist nach dem Tal in Deutschland benannt, in dem die ersten Fossilien gefunden wurden.

PALÄONTOLOGIE Die Wissenschaft von den Fossilien.

PAPYRUS Eine frühe Form des Papiers. Die alten Ägypter stellten es aus den zu Brei zerriebenen Halmen der Schilfart desselben Namens her.

PIGMENTE Chemikalien, die den Dingen ihre Farbe verleihen. Für die Höhlenmalereien wurden Pigmente aus Pflanzen und Mineralen gewonnen.

PYRAMIDEN Bauwerke aus Stein mit quadratischer Grundfläche und geneigten Seitenflächen. Sie dienten als Königsgrab oder als Opfertempel.

RÄUCHERN Das Haltbarmachen von Fleisch oder Tierhäuten.

RELIEF Schnitzerei oder Bildhauerei, bei der das Muster aus der Oberfläche herausragt.

RINGWALL Eine prähistorische Festung auf einem natürlichen oder künstlich aufgeschütteten Hügel.

SCHÄDELÖFFNUNG (TREPANATION) Das Bohren eines Lochs in den Schädelknochen als medizinische Maßnahme in vorgeschichtlicher Zeit, möglicherweise zur Freisetzung böser Geister.

SCHMELZUNG Der Prozess, bei dem aus Erz Metalle gewonnen werden.

STEINZEIT Die prähistorische Zeit vor der Bronzezeit, in der die Menschen Werkzeug und Waffen aus Stein benutzten. Man unterscheidet die Altsteinzeit und die Jungsteinzeit.

TECHNOLOGIE Die Anwendung menschlichen Wissens zur Erfindung und Herstellung neuer Werkzeuge. Neue Technologien entstehen z. B. durch neue Entdeckungen oder durch neue Verwendungsmöglichkeiten für bekannte Dinge.

TUNDRA Das Steppengebiet rund um den Nordpol.

VORGESCHICHTE (PRÄHISTORISCHE ZEIT) Die Zeit, als noch keine schriftlichen Aufzeichnungen existierten.

Höhlenmalereien in Kalifornien (USA): Die Chumash-Indianer schufen mit Pigmenten religiöse Malereien.

Steinzeitliche Bildhauerarbeit im Ulster History Park bei Omagh (Nordirland)

Register

Dank und Bildnachweis

Dorling Kindersley dankt Peter Bailey und Lester Cheeseman für zusätzliche Designassistenz; Angela Murphy für zusätzliche Bildrecherche; Dr. Schulyer Jones, Julia Cousins, Ray Inskeep, John Todd and John Simmonds vom Pitt-Rivers Museum (Oxford); Dr. David Phillipson vom University Museum of Archaeology and Anthropology (Cambridge); Gavin Morgan vom Museum of London; Colin Keates und Chris Stringer vom Natural History Museum; der Belegschaft des Museum of Mankind; Dave King und Jonathan Buckley; Meryl Silbert.

Folgende Museen haben Objekte für Fotoaufnahmen zur Verfügung gestellt: British Museum (Naturgeschichte) S. 6–7, 10–11, 14–15, 18–19, 22–23. Museum of London S. 26–27, 30–31, 32–33, 46–47, 52–53, 62–63. Museum of Mankind S. 20–21, 38–39, 60–61. Pitt-Rivers Museum (Oxford) S.12–13, 16–17, 28–29, 34–35, 36–37, 56–57. University Museum of Archaeology and Anthropology (Cambridge) S. 24–25, 40–41, 42–43, 44–45, 48–49, 50–51, 54–55, 58–59.

Illustrationen:
John Woodcock, John James, Mark Bergin

Der Verlag dankt den folgenden Personen und Institutionen für die freundliche Genehmigung zum Abdruck von Fotos:

(Abkürzungen: o = oben, go = ganz oben, u = unten, m = Mitte, l = links, gl = ganz links, r = rechts, gr = ganz rechts, Hg = Hintergrund)

Agence France Presse: 65gor. American Museum of Natural History: 18u, 67gol, 67ur. Bridgeman Art Library: 62lm. British Museum (Naturgeschichte): 6r, 15ul, 19um. Bruce Coleman: 7um, 10l, 62gor, 63ur. Corbis: /Jason Hawkes 69gor; /Jon Sparks 64gol. Tim Daly: 66–67. Alistair Duncan: 70–71, 71gor. Heritage Image Partnership: /The British Museum 69m. Kobal Collection: The Flintstones in Viva Rock Vegas © Amblin/Univ/Hanna-Barbera/Michaels, Darren 68ml. Mansell Collection: 8ml, 9ur, 13m, 17gor, 27um, 33gol, 36gom, 41rm, 42gol, 43rm, 46lm. Mary Evans

Picture Library: 9gor, 16gol, 20gor, 21um, 22ur, 25ur, 26gol, 30lm, 31ur, 32ur, 35m, 41gor, 42m, 51ur, 52rm, 53gol, 54m. Angela Murphy: 7ul, 23ml. Museum of London: 24um, 25gol, 47m, 48ul. Peter Newark's Historical Pictures: 24gol, 25ml, 28gom, 34gol, 41mm, 49ur, 60gol, 60ur, 61ur. Rex Features: Olympia/SIPA 65u. Ronald Sheridan's Photo Library: 22gor, 38gol, 50gol, 55r, 63ur. Topham Picture Library: 10ul. Torquay Museum: 66u. University of Colorado in Boulder: Professor J. McKim Malville 64gor. Alan Williams: 71ur.

Poster: American Museum of Natural History Library: Image #4937 m; Corbis: Yi Lu ugl; Dorling Kindersley: Natural History Museum, London mogr, Natural History Museum, London gogl, gogr, Pitt Rivers Museum, University of Oxford mogl, mu, Pitt Rivers Museum, University of Oxford gor, mgl, ml, mlu, ul/ (chinesische Münze), The American Museum of Natural History ugr, The Museum of London mr, mgl/ (Tierhaut), mgr, mugr, ul/ (Speerspitze), University Museum of Archaeology and Anthropology, Cambridge mro, mlu/ (Gussform und Nadel), ul, um, ur.

Cover: *Vorn:* Corbis: u; Dorling Kindersley: University Museum of Archaeology and Anthropology, Cambridge gogr; *Hinten:* Dorling Kindersley: Museum of Mankind / British Museum mru, Pitt Rivers Museum, University of Oxford gol, ur, Science Museum, London gor, University Museum of Archaeology and Anthropology, Cambridge m.

Alle anderen Abbildungen © Dorling Kindersley
Weitere Informationen unter www.dkimages.com

Weitere Themen in dieser Reihe:
(Bandnummer in Klammern)